EFECTO PANTALLA

EFECTO PANTALLA
es editado por
EDICIONES LEA S.A.
Av. Dorrego 330
Ciudad de Buenos Aires, Argentina.
E-mail: info@edicioneslea.com
Web: www.edicioneslea.com

ISBN: 978-987-718-644-4

Primera edición. Impreso en Argentina.
Esta edición se terminó de imprimir en
diciembre de 2019 en Arcángel Maggio - División Libros.

Jurkowski, Laura
    Efecto pantalla : cómo lograr el equilibrio digital / Laura Jurkowski. - 1a ed . -
Ciudad Autónoma de Buenos Aires : Ediciones Lea, 2019.
    224 p. ; 23 x 15 cm. - (Filo y contrafilo)

    ISBN 978-987-718-644-4

    1. Adicciones. 2. Internet. 3. Bienestar. I. Título.
    CDD 155.5

Laura Jurkowski

EFECTO PANTALLA

Cómo lograr el equilibrio digital

Lea

*Para mis hijos, mis amigos
y para todos con los que, café de por medio,
conversamos mirándonos a los ojos.*

Prólogo

La vida es eso que pasa sin wifi

Por Andy Kusnetzoff

Conocí a Laura en mi adolescencia. Prácticamente la conozco de toda la vida. Seguí toda su carrera de Psicología, y hasta comencé la misma carrera. Tuve con ella muchas charlas y vi cómo se fue transformando en una profesional seria y preparada. Laura es una buena consejera en lo personal, siempre está pensando en los demás.

De repente, sin darme cuenta, entramos en la era de las nuevas tecnologías y Laura se fue metiendo y especializando en eso. Al principio no había mucha gente que hablara del tema, porque todos pensábamos que podríamos controlar y manejar el uso de los celulares y las adicciones del rubro. En un principio no veíamos la gravedad del tema. Pensábamos que, como no era una adicción a las drogas o al juego, no tenía tanta importancia. Pero no es así.

Cuando nació Helena comprendí que verla crecer es una experiencia que no tiene dos oportunidades. *O la vivís o te la perdés.* Todos podemos caer en la trampa de pensar que "estamos ahí", pero en realidad estamos presentes mirando el celular. Contestando un whatsapp, mirando Instagram o leyendo noticias. Y esto, que tiene apariencia inofensiva, convertido en hábito puede desencadenar conductas riesgosas en nuestros hijos y en nosotros, los adultos que los educamos. *Efecto Pantalla* habla de estas cosas. De lo importante. De que la felicidad no es publicar una foto y obtener muchos likes, sino vivir experiencias y recordarlas. Este libro es una gran ayuda para padres e hijos. Es sin duda material de consulta para todos los que están preocupados por conseguir el equilibrio entre lo digital y lo analógico y para todos los que encuentran placer en la conexión emocional y afectiva. Con contactos reales. Con charlas mirándose a los ojos y no a través del celular. La virtualidad nos ha resuelto la vida diaria en innumerables cuestiones prácticas, aunque también es la portadora de una nueva lógica que de alguna manera impone conductas que acaban por convertirnos en una especie de vidrieras ambulantes, y esto en el mejor de los casos. Laura usa la tecnología, pero también ama tomar café y charlar. Usa todas las herramientas que la tecnología ofrece, y también conserva esos hábitos "de antes", como mirarse a los ojos durante una conversación.

Si bien las nuevas tecnologías son espectaculares para resolver muchas cosas que antes no podíamos hacer, también paradójicamente pueden llevarte a la desconexión. Por esto Laura en su Centro propone Reconectarse.

¿A qué edad le doy a mi hijo un celular? ¿Se lo puedo sacar unas horas a mi hijo adolescente? ¿Cómo hacemos para cenar en familia sin celulares? ¿Tengo que controlar con quién habla mi hijo? Estos tiempos de pantallas se traducen en muchas preguntas y reflexiones como la infelicidad que produce ver cómo todos son felices en las redes excepto uno, o que siempre parece que tus amigos están en un "planazo" mientras desde afuera los miras, en una pantallita. La vida no es lo que parece en las redes sociales. Cuando uno está triste, no está de ánimo para publicar una foto. Ese momento de verdad emocional no se publica. Mientras que, si estás feliz, dan ganas de publicar ese instante. Por eso las redes reflejan muchos momentos felices de otros. Pero solo los momentos felices. La mayoría de las horas que vivimos son rutinarias, normales, grises. Estudiamos, trabajamos, vivimos. Pero esos picos del día o de la semana son los que merecen ser publicados. Las redes sociales pueden ser un compendio de los momentos extraordinarios de las personas que conocemos o querríamos conocer, pero son solo un recorte de ellas. Si quieres saber cómo están de verdad, lo que realmente les pasa, lo mejor será tomar un café y mirarse a los ojos. ¡De esto habla este libro! Nos va a ayudar a conectarnos sin wifi, a detectar cuál es nuestra conducta digital, y a ayudar a nuestros niños a no quedar atrapados bajo el *efecto pantalla*. Sin duda, Laura, que además de la autora de este libro y profesional experta en el tema, es mi amiga, es la persona indicada para ayudarte a transitar el camino del equilibrio digital.

Capítulo 1

La conducta digital

El "Lado A" de las pantallas

Las pantallas ya forman parte de nuestra vida cotidiana. Son un integrante más de la familia y de los diferentes grupos de los que formamos parte. Hoy sabemos, es un hecho, que internet llegó para quedarse y que indudablemente es una herramienta fundamental en nuestro día a día. De una forma u otra, cada uno de nosotros la utiliza para resolver infinidad de cuestiones. ¡Y cuánto nos agiliza y soluciona!

Las pantallas nos comunican, nos mantienen conectados las 24 horas del día con cualquier punto del planeta. Gracias a ellas podemos seguir el viaje de algún amigo o familiar, contactar con personas de manera directa, establecer nuevas redes laborales, obtener toda la información que estemos necesitando de manera inmediata, e incluso, conocer al amor de nuestra vida. En los días que vivimos, es imposible imaginarse un mundo sin celulares o wifi en cada esquina o en cada bar.

Si necesitamos algún dato clave, basta con buscarlo en Google para encontrar múltiples respuestas y alternativas. Si queremos saber qué está pasando en nuestro país o en cualquier país del mundo, basta con hacer un click y saberlo al segundo. Si queremos darnos a conocer profesionalmente, o acercar nuestro currículum a esa empresa o profesional al que queremos llegar, allí están los contactos y los medios para conseguirlo sin movernos de nuestra silla. Si no sabemos cómo llegar a un destino o queremos reservar mesa en un restaurante, basta con instalar una aplicación o navegar para obtener las coordenadas, el camino o la confirmación de reserva. Si no conseguimos ese producto en ninguna tienda, seguramente con tan solo escribirlo en el navegador encontremos un gran número de sitios que lo ofrecen, en el que podemos comprarlo y además recibirlo de manera acordada en nuestro domicilio. Para realizar las compras en el supermercado, para entretenernos, para ganar tiempo en trámites, para leer libros, para ver series y películas, para comprar los tickets del próximo concierto, para estudiar y aprender, para escuchar audiolibros o meditar, allí está internet esperándonos y ofreciéndonos, con toda su robustez y variedad, infinidad de posibilidades y alternativas a las que no accederíamos sin ella.

Internet ahorra tiempo en una sociedad colapsada de tareas y ocupaciones en la que el tiempo se ha convertido en un bien preciado y escaso. Convivimos y hacemos uso de la tecnología incluso para tareas que ya están tan incorporadas en nuestras rutinas que no tenemos registro de hasta dónde dependemos de ella. No emplear los beneficios y ventajas que nos ofrece nos excluiría del curso del mundo global y particular.

Si a esto le agregamos el desembarco de los smartphones en nuestras manos, el despliegue tecnológico se multiplica aún más, ya que la llegada de estos dispositivos permitió el acceso a internet en cualquier lugar y a cualquier hora.

Las pantallas son transversales y democráticas, sin edad ni pertenencia, el acceso a ellas no registra límites. Adultos y niños pasan gran parte del día frente a las pantallas y al mundo que se esconde detrás de ellas. De hecho, los niños acceden a su uso desde edades muy tempranas. Vivimos en un mundo en el que las pantallas ocupan un lugar central y, como en todo vínculo, es importante aprender a convivir con ellas. Sin embargo, algo tan amigable, con tantas ventajas y funciones positivas, *¿puede volverse peligroso?*

El uso de las pantallas es un signo de nuestro tiempo y su presencia en nuestras vidas hace que sea urgente incrementar la información y la divulgación de los buenos y los mejores usos.

Estudios muy recientes muestran que la tendencia generalizada es la incorporación de móviles, smartphones y tabletas cada vez más tempranamente. El informe elaborado en Estados Unidos por la consultora especializada Nielsen, en 2015, muestra que los hábitos de conducta de padres e hijos están cambiando e inclinándose a favor del uso temprano de los dispositivos. Más del 50 % de los niños y adolescentes de 12 a 17 años son cibernautas habituales.

Conforme van creciendo los niños y los adolescentes, su comportamiento y su consumo se vuelve más digital. Los padres tienden a dejarles sus tablets táctiles a los niños más pequeños. A partir de los 12 años, los chicos ya utilizan sus propios smartphones. Y, además, nueve de cada diez aseguran que ven videos en línea en sus teléfonos inteligentes.

Academias de Pediatría inglesas, españolas y hasta australianas reconocen que una tablet puede ayudar a los niños a ampliar su vocabulario, a aprender nuevos conceptos y también aportar otros beneficios, pero siempre que los niños sean lo suficientemente mayores para procesar y comprender lo que están viendo. El criterio debe ser flexible y dependerá del desarrollo y capacidad de los niños: algunos podrán ver un programa con dos años de edad y otros deberán esperar un poco más, hasta que sean capaces de comprender qué están viendo.

En todo caso las principales Academias de Pediatría coinciden en que hay que establecer un horario para el consumo audiovisual y que hay que evitar que los niños tengan acceso a estos dispositivos en su dormitorio o en algún lugar donde los padres no puedan estar delante.

Y por supuesto, es importante enseñar a los niños a comprender, en cuanto lo puedan entender, la importancia de la seguridad en internet y la necesidad de seleccionar los contenidos, enseñándoles a elegir la programación, por ejemplo.

El uso de dispositivos digitales en el tiempo de ocio de los jóvenes, y muy especialmente de los menores, debe estar muy bien programado. Tanto los contenidos como las herramientas digitales tienen beneficios y riesgos y su uso no puede ser indiscriminado o irresponsable. Por eso, no podemos dejar de recordar que, en estos temas, y muy especialmente en todo lo que se refiere a los contenidos, es necesaria una información constante y actualizada que nos permita actuar con libertad y conocimiento de causa.

El "Lado B" de las pantallas

Las pantallas no solo nos habitan la vida, sino que nos invaden. Y los adultos somos los que habilitamos para que esto suceda con los niños y jóvenes. ¿Cómo? Poniendo a su disposición, desde muy pequeños, todo tipo de dispositivos y, a la vez, mostrando con el ejemplo de nuestro comportamiento un modelo de uso indiscriminado y excesivo. Así, lo que por un lado nos acerca, por otro nos aleja.

Internet, con su mundo infinito de opciones y posibilidades, nos genera una sensación de enorme libertad; sin embargo, esta ilimitada gama de alternativas posibles muchas veces conduce a no elegir, a no accionar, a paralizarnos en la sensación de que elegir algo quizá signifique perderse algo mejor. Esto puede ocurrir por ejemplo cuando queremos seleccionar una serie o una película para ver o también en el momento de la búsqueda de una relación. Esta infinidad de opciones ofreciéndose continuamente puede derivar en una carrera insaciable de búsqueda con el riesgo de quedarnos atrapados en el desafío constante de buscar o encontrar lo mejor. Un despliegue incesante de adrenalina inagotable que nos arrastra a querer más y más.

Estar pendientes de lo que ocurre en las redes sociales y de lo que los demás publican en ellas, nos deja la sensación continua de no poder verlo ni abarcarlo todo, con la consecuente impresión de pérdida. Sin embargo, si nos detenemos a analizarlo, lo que se está perdiendo, mientras miramos lo que el otro publica de sí mismo, es la propia vida real.

Cuando navegamos excesivamente en las redes sociales o nos pasamos largas horas de chateo telefónico, descuidamos las relaciones cara a cara o desatendemos a la persona que tenemos al lado.

Con esto, llegamos a una primera idea: internet, en sí mismo, pone en acción un carácter adictivo. Los juegos online y las aplicaciones no son adictivos por casualidad, están diseñados para generar dependencia. Y dentro de este contexto, además, hay personas que poseen más vulnerabilidad a padecer esta adicción. Sin embargo, sin llegar a una adicción, a la mayoría de las personas, las pantallas las invaden.

Día a día, los avances tecnológicos disponen de mayor inteligencia artificial para hacernos llegar la información y las ofertas de cosas que nos pueden atraer. La pregunta que se instala cuando elegimos es, ¿lo hacemos libremente o internet nos condiciona a elegir entre las opciones que nos ofrece?

Démosle la bienvenida a las pantallas entonces, y comencemos por aceptar que ellas son los nuevos integrantes de nuestra familia, trabajo, amistades y relaciones. Ellas forman parte activa de nuestra vida y esto es inevitable.

Nuestro terreno, nuestro campo de acción, será entonces formularnos preguntas y aproximarnos a reflexiones acerca de cómo nos vinculamos con ellas, qué lugar les damos en nuestro día a día, cuántas horas pasamos delante de ellas, qué conducta mantenemos y cómo nos vinculamos con las otras personas cuando lo hacemos usando las pantallas.

Para ello es interesante plantear y explorar primero algunos conceptos que reflejan nuestra manera de vincularnos pantalla mediante: reputación digital, realidad digital, nueva privacidad y emocionalidad.

Antes de avanzar, quiero decirte que no escribo este libro para demonizar o excluir a las pantallas de tu vida. Lo escribo para ayudar a determinar y reconocer las zonas tóxicas de las pantallas. Para esto desarrollo algunos conceptos, repaso conductas y comportamientos, proporciono ideas y sugerencias para que la tecnología sea un elemento positivo en la vida de todos. La idea que me guía es brindar claridad acerca de cuáles son los beneficios y los riesgos de los dispositivos y de los contenidos que se consumen a través de ellos.

Reputación digital

Adentrarnos en estos temas nos obliga a preguntarnos, *¿acaso existen dos identidades, una offline y otra online?*

El lado A de la tecnología nos proporciona tantas ventajas que nos convertimos en sus asiduos usuarios. De esta manera, el mundo online va invadiendo poco a poco nuestras vidas.

Atravesados por el mundo digital, vamos dejando en él (unas veces con intención y otras sin darnos cuenta), infinidad de información personal. De esta forma, nuestra actividad digital va construyendo nuestra identidad online o identidad 2.0, es decir, aquello que nos identifica como usuarios del mundo digital.

Una porción de esta identidad está conformada por los datos que provienen del mundo offline: nuestro nombre, número de documento, profesión, formación académica, dirección, grupo familiar y social, aspecto físico y gustos, etc. Pero hay otra porción de esta identidad que se completa con nuestra actividad y comportamiento online. Nuestras publicaciones en cada una de las diferentes redes sociales, los me gusta (likes) y comentarios que hacemos, los tipos de contenidos que compartimos, sumados a los comentarios que los demás hacen de nosotros, los sitios que visitamos, los productos que consumimos y los servicios que utilizamos, constituyen una vasta red de información que da cuenta de quiénes somos o cómo nos mostramos durante nuestro paso y permanencia por la virtualidad.

A este hacer o comportamiento es al que se conoce como reputación digital, reputación que no depende pura y exclusivamente del propio comportamiento, sino también del de los demás; las acciones que uno realiza pueden generar también acciones de los otros en respuesta, ambos como eslabones sucesivos de una misma reputación. Como las opiniones y las conversaciones de los demás contribuyen a la configuración de la reputación, podemos considerarla como una construcción social. Por cierto, nada muy distinto de lo que sucede con la reputación offline.

Como mencionamos, nuestra manera de interactuar socialmente mediante internet y las redes sociales, va determinando nuestra reputación. Ofrecemos ante los demás una imagen de quiénes somos, qué hacemos, cómo nos comportamos, qué pensamos, opinamos o decimos sostener. De hecho, tenemos registro de esta reputación, por ejemplo, cuando establecemos filtros de privacidad para nuestros perfiles o posteos.

Resulta frecuente que transcurrir tanto tiempo entre las pantallas despierte en nosotros la sensación de que ese es el mundo, y que, finalmente, todo lo importante, todo lo que merece nuestra mayor atención, está sucediendo allí. Y tan cierta es la sensación, que parece que el online fuera un mundo paralelo al mundo real. Dos mundos distintos y diferenciados, separados por una frontera invisible e imaginaria que nos hace creer que lo que ocurre en el mundo digital queda en el mundo digital, y que lo que ocurre en el mundo real pertenece a una esfera separada. Sin embargo, no es así. Ambas realidades, la online y la offline interactúan constantemente, por lo cual nuestro comportamiento en el mundo offline también contribuye a construir nuestra reputación online. Es una distorsión por tanto separar los planos on y offline: la reputación es una sola, ya sea online u offline, y ambas se retroalimentan, así que las consecuencias de una se entremezclan en la otra.

Algunos rumores, comentarios y fotos que se ven en las redes sociales van conformando una reputación que, muchas veces, es difícil de borrar. De hecho, cuando es momento de buscar un trabajo, por ejemplo, algo que suele desembocar en una entrevista cara a cara, la reputación digital construida puede obrar como un problema o un elemento a favor, perjudicar o favorecer aquello que estamos buscando conseguir.

Es importante considerar que, al momento de tomar decisiones, las mismas están influenciadas por la reputación online de aquello que estamos por elegir. Ya sea un producto, un servicio, una pareja o selccionar a alguien para un nuevo trabajo. Nuestra reputación online puede destruirse y perjudicarnos en la vida real, tanto que puede llevar mucho tiempo borrar las huellas negativas que pueblan la virtualidad.

En tanto padres o adultos es importante que recordemos que los jóvenes u adolescentes pueden no tener conciencia de los alcances de su reputación. Los jóvenes, dada su edad y momento de maduración, suelen ser rebeldes y buscan transgredir los límites. Y como gran parte de lo cotidiano se resuelve en el terreno de la virtualidad, las mismas cuestiones o situaciones que antes sucedían en el mundo analógico, ahora ocurren pantalla mediante. Algo más: adolescentes y jóvenes buscan afianzar su reputación digital como expresión de su reputación real, es decir, la valoración que el mundo virtual hace de ellos es significativa para la construcción de su reputación personal. Buscan los likes o los me gusta detrás de la pantalla, y si la pantalla no los refleja, entonces para ellos no ocurre. Incluso, la ausencia o escaso número de likes y seguidores pueden acarrear intensas angustias y hasta depresiones. Esta realidad nos lleva a reflexionar acerca de otro concepto: la privacidad.

¿Fin de la privacidad o neoprivacidad?

Estar frente a una pantalla, solo, en la intimidad de una habitación, muchas veces provoca la falsa sensación de privacidad e intimidad. Creemos que por estar solos en el cuarto y frente al dispositivo, nada ocurre allí detrás y no se toma conciencia del alcance que puede tener todo aquello que estamos incluyendo en el mundo digital. No tenemos acabado registro de que todo lo que hacemos y no hacemos en internet se plasma como rastro de nuestra vida privada, que en realidad termina por convertirse en pública.

En general desconocemos qué información propia anda girando y existiendo por el mundo virtual. Sin darnos cuenta, sin tomar conciencia real del impacto de nuestras acciones y decisiones, brindamos datos precisos e información concreta acerca de nosotros mismos casi como un ejercicio propio de la navegación online. Por lo tanto, para recuperar el control sobre la pantalla, deberíamos tener en claro qué es lo que queremos mostrar de nosotros mismos, tanto desde el punto de vista personal como del profesional. Y recordar que lo que hagamos, digamos o comentemos quedará vivo y presente allí, en la virtualidad, para siempre, sin noción cierta de su alcance real en el tiempo.

Cuando escribimos algo, o leemos en las redes, nos vinculamos con otros. Surgen así nuevas maneras de vincularnos, de relacionarnos con los demás. En esta nueva forma de mostrarnos, ¿qué papel juegan las emociones?

Emociones en red

Cuando establecemos nuevas conexiones en las redes damos inicio a relaciones que no se dan ni se desarrollan de la misma manera que si fueran cara a cara. Nos atrevemos a hacer y a decir cosas que posiblemente no haríamos en un plano real. El feedback o la devolución emocional durante un intercambio personal entre dos o más tiene matices e implicancias perceptivas que el intercambio virtual modifica. Los vínculos que se establecen desde la virtualidad despiertan y activan emociones, aunque la ausencia del otro físico distorsiona las propias percepciones haciendo que las sensaciones lleguen de otra manera. Y esto da lugar, muchas veces, a ocasionar daños al otro, sin vivenciar qué es lo que está pasando.

Si bien se busca la aprobación mediante likes y crecimiento de seguidores o comentarios, falta la mirada del otro desde su dimensión real de corporeidad. En su lugar, lo que está frente a nosotros es una pantalla que nos devuelve una lectura modificada de lo que el otro puede estar atravesando o sintiendo, desdibujando su emocionalidad, alterando los efectos que la propia emocionalidad puede activar en el otro detrás de la pantalla, y rellenando las emociones del otro con las propias sensaciones.

A veces el falso anonimato que creemos tener en la virtualidad nos lleva a realizar acciones muy dañinas. Ante la ausencia de un otro que pueda dar una respuesta o reacción emocional que oficie de reguladora de lo que hacemos o decimos, las posibilidades son ilimitadas.

En las diferentes relaciones sociales buscamos proyectar lo que somos, tratamos de mostrar lo mejor de nosotros mismos, crear una imagen positiva. El mundo digital ha generado una revolución en este sentido, lo materializa, lo maximiza, y nos ofrece la posibilidad de crear el personaje de nosotros mismos, es decir, algo que en la dimensión real no somos. Este desdoblamiento puede poner en evidencia que el doble virtual que nos creamos sea una versión de aquello que nos gustaría ser y no somos. Nuestro avatar circula por las calles de la virtualidad haciendo gala de todo aquello a lo que aspiramos, mientras nosotros, los de carne y hueso, estamos inmóviles detrás de la pantalla asistiendo a nuestro propio reality.

La pregunta entonces es qué sucede cuando la pantalla se apaga y nos toca retornar al mundo físico para interactuar con los seres con cuerpo. Cuando se desequilibra la relación con la virtualidad que se alza detrás de la pantalla, es posible que comiencen a aparecer notables carencias para establecer vínculos en el mundo fuera de ellas.

Por ejemplo, según un estudio de la Universidad de California en Los Ángeles (UCLA), las habilidades sociales de los niños pueden verse afectadas ya que dispondrán de menos tiempo para la interacción cara a cara debido al incremento del uso de los medios digitales. Científicos de la universidad, encontraron que estudiantes de sexto grado que pasaron cinco días sin siquiera mirar un teléfono inteligente, una televisión u otra pantalla digital, pudieron leer las emociones humanas mucho mejor que alumnos de sexto grado de la misma escuela quienes siguieron pasando horas cada día mirando sus dispositivos electrónicos.

Y toca volver ahora a una premisa fundante: los seres humanos somos seres sociales, nos diferenciamos como especie por nuestra cualidad social, es decir, somos capaces de construir sociedad y para hacerlo requerimos del contacto entre las personas. De hecho, los bebés necesitan del intercambio con el medio humano adulto para desarrollar su interacción con el medio lo que les permite un desarrollo cognitivo adecuado.

"Muchas personas están mirando los beneficios de los medios digitales en la educación, y no muchos están mirando los costos", afirma Patricia Greenfield, distinguida profesora de psicología en UCLA College, una de las autoras del artículo "The Impact of Home Computer Use on Children's Activities and Development", publicado en *Computers in Human Behavior*. Y continúa: "El declive de la sensibilidad a las señales emocionales –perder la capacidad de entender las emociones de otras personas– es uno de los costos. El desplazamiento de la interacción social en persona por interacción con la pantalla parece reducir las habilidades sociales".

Zona libre de teléfonos

Los psicólogos mencionados estudiaron dos grupos de alumnos de sexto grado de una escuela pública del sur de California: 51 que vivieron juntos durante cinco días en el Pali Institute, un campamento de naturaleza y ciencia a unas setenta millas al este de Los Ángeles, y otros 54 de la misma escuela. (El grupo de 54 asistiría al campamento más tarde, después de que se realizó el estudio).

El campamento no permitía a los estudiantes utilizar dispositivos electrónicos, una política que muchos estudiantes encontraron desafiante durante el primer par de días. Sin embargo, la mayoría se adaptó rápidamente, de acuerdo con los consejeros del campamento.

Al principio y al final del estudio, se evaluaron los dos grupos de estudiantes por su capacidad de reconocer las emociones de otras personas en las fotos y videos. Se les mostraron a los estudiantes 48 fotografías de rostros que estaban felices, tristes, enojados o asustados, y se les pidió identificar sus sentimientos.

Ellos también vieron videos de actores interactuando entre sí y se les instruyó describir las emociones de los personajes. En una escena, los estudiantes toman un examen y se lo presentan a su maestro; uno de ellos está confiado y emocionado, el otro está ansioso. En otra escena, un estudiante está triste después de haber sido excluido de una conversación.

Los niños que habían estado en el campamento mejoraron significativamente durante los cinco días su capacidad de leer las emociones faciales y otras señales no verbales de la emoción, en comparación con los estudiantes que continuaron usando sus dispositivos digitales.

Los investigadores también observaron cuántos errores cometieron los estudiantes cuando trataban de identificar las emociones en las fotos y videos. Al analizar las fotos, por ejemplo, aquellos en el campamento tuvieron un promedio de 9,41 errores al final del estudio, por debajo del 14,02 al principio. Los estudiantes que no asistieron al campamento registraron un cambio significativamente menor. Con los videos, los estudiantes que fueron al campamento mejoraron significativamente, mientras que las puntuaciones de los estudiantes que no asistieron al campamento no mostraron cambios. Los hallazgos aplicaron por igual a los niños y las niñas.

Ningún sustituto para el contacto cara a cara

"No puedes aprender las señales emocionales no verbales de una pantalla de la manera en que lo puedes aprender de la comunicación cara a cara", afirma la autora principal Yalda Uhls, investigadora principal con el *Children's Digital Media Center* (CDMC) de UCLA en Los Ángeles. "Si no estás practicando la comunicación en persona, podrías estar perdiendo importantes habilidades sociales", agrega.

Los estudiantes que participaron en el estudio informaron que mandan textos, ven la televisión y juegan videojuegos durante un promedio de cuatro horas y media en un día escolar típico. Algunas encuestas han encontrado que la cifra es aún mayor a nivel nacional, sostuvo Uhls, quien también es la directora regional de *Common Sense Media*, una organización nacional sin fines de lucro del sur de California.

Greenfield, directora del CDMC, considera que los resultados son significativos, dado que se produjeron después de solo cinco días. Una de las conclusiones es que la gente necesita más interacción cara a cara, y que incluso cuando las personas utilizan los aparatos digitales para la interacción social, están pasando menos tiempo desarrollando habilidades sociales y aprendiendo a leer las señales no verbales. "Es necesaria la interacción social para desarrollar habilidades en la comprensión de las emociones de otras personas", afirma Greenfield.

Por su parte, Uhls sostiene que los emoticones son un pobre sustituto de la comunicación cara a cara: "Somos criaturas sociales. Necesitamos tiempo libre de dispositivos".

¿Será que la era digital creará nuevos perfiles emocionales y nuevos lenguajes? ¿Cuánto de lo humano podrá adaptarse a estos patrones digitales y cuánto tendrá que ceder la tecnología para no perder al humano en el camino? Sin duda, las pantallas esconden la riqueza de permitirnos formularnos nuevas preguntas y son la expresión visible del desafío de convivir con ellas

sin restringir ni depreciar por ello la posibilidad de establecer vínculos sanos y activos con nosotros mismos y con las personas que nos rodean.

Cambios en las generaciones

A mediados del siglo XX el "ser" fue desplazado por el "tener", y en los tiempos actuales, el "tener" ha sido desplazado por el "utilizar" bienes y servicios. Hoy lo primordial no es tener, sino "sentir", emocionarse. Las nuevas generaciones quieren vivir experiencias y creen que la tecnología les facilitará tenerlas.

Debido a los grandes avances de la revolución digital, la comunicación ha entrado en una nueva dimensión que le permite transmitir e interactuar en planos casi desconocidos hasta la fecha. La realidad virtual, la realidad aumentada, la inteligencia artificial, las criptomonedas o el *videomapping*, por citar algunos ejemplos, tienen un enorme potencial de impacto simbólico, comunicacional y experiencial. Esto, en un entorno en el que la movilización de la emoción es el valor más cotizado, convierte al hecho comunicativo en el factor estratégico de cualquier organización o empresa que quiera posicionarse de forma sostenible y perdurar en el recuerdo de la mente del destinatario.

La comunicación ha dejado de ser algo distinto al producto o del servicio, sino que forma parte del mismo. Hoy todo es comunicación. Por eso, quien entienda su lógica, domine las técnicas, conozca sus posibilidades y sea capaz de concebirla desde una perspectiva estratégica, estará en condiciones de aportar valor. Esta es la lectura que ha hecho la *Universitat Abat Oliba CEU* con la creación del grado en Comunicación Experiencial y Realidad Virtual, de tres años de duración y donde los alumnos se empoderan en tecnologías comunicacionales de última generación para resolver con solvencia los nuevos retos profesionales que la comunicación demanda.

¿Cómo influyen las pantallas en nuestra manera de ser padres?

Venimos de mundos diferentes, de distintas maneras de percibir la realidad, las relaciones, el presente y el futuro. Padres e hijos pertenecemos a generaciones diferentes. El cuidado, uno de los pilares que acompaña el vínculo padre e hijo no ha cambiado, pero sí se han establecido nuevos riesgos y peligros asociados a los cambios de contexto del mundo contemporáneo.

El cambio de paradigma al que asistimos impone a los adultos no solo prestar atención a los peligros tradicionales sino también a los nuevos peligros, a veces silenciosos y en apariencia menos nocivos o tóxicos.

El "Lado A" de la pantalla se nos ofrece como un espacio de crecimiento, avance, alivio y colaboración. Sin embargo, su "Lado B" nos pide que estemos informados y atentos, que regulemos la exposición y los espacios, los contenidos y los intercambios para minimizar potenciales riesgos. No debemos olvidar que a este y al otro lado de la pantalla hay seres humanos. Por eso mi propuesta es reflexionar, pensar acerca de los cambios que se produjeron en el último siglo para, desde allí, revisar cómo abordar el desafío de entender a las nuevas generaciones, los nuevos peligros a los que pueden verse expuestas y los mecanismos de ayuda que como adultos podemos incorporar o aprender para ayudarlos y acompañarlos en su crecimiento.

Capítulo 2

La pantalla a través de las generaciones

Atravesamos un momento de la historia en el que conviven diversas generaciones. Cada una de ellas posee sus propias características y muestra una relación puntual con el mundo digital y las pantallas, relación que origina maneras de pensar y de comportarse en el mundo. Cada generación es especial, nació en un momento histórico social diferente, puede aportar algo y a la vez nutrirse de las demás.

Desde el comienzo del siglo XX hasta la actualidad pueden contarse siete generaciones abarcando cada una de ellas un periodo de veinte años aproximadamente. Cada generación tiene características que se relacionan con el contexto económico y político que le tocó vivir o con un punto de inflexión a nivel mundial que haya modificado la forma de vida de la humanidad. A su vez, cada uno de estos grupos posee características particulares en lo que refiere al empleo de la tecnología y a la manera de comunicarse mediante la misma. Utilizan las pantallas para diferentes fines, emplean distintas aplicaciones y cada una privilegia unas redes sociales sobre otras. Por lo tanto, para entender nuestro comportamiento y el de otras personas, es útil estudiar las diferencias que han presentado las diferentes generaciones a través del tiempo.

Antes de abordar cada una de ellas, cabe destacar que cuando hablamos de "Generación" nos referimos al grupo de personas cuya edad es equivalente y que vivió una misma época, en un mismo momento histórico. Esto conlleva a similitudes en las características de personalidad, afinidad de creencias, valores y formas de comportamiento.

A continuación, me detendré en cada una de ellas con el objeto de acercarnos mejor a la presencia de las pantallas y a su evolución generación a generación.

Las generaciones son:

- 1900-1914: Generación Interbellum
- 1915-1925: Generación Grandiosa
- 1926-1945: Generación Silenciosa
- 1946-1964: *Baby Boomers*
- 1965-1979: Generación X
- 1980-1999: Generación Y o Milenial
- Desde 2000: Generación Z
- Desde 2010: Generación T

En líneas generales, las tres primeras generaciones fueron muy sufridas, vivieron en medio de guerras, represión y crisis, y participaron de los sucesos más importantes del siglo XX. Sus integrantes fueron pacientes, respetuosos, comprometidos y conformistas, incluso callaban frente a las injusticias. Por su parte, la generación Z, se ha dividido definitivamente en dos, destacando la "táctil" o generación T, que se inicia en el año 2010 a la fecha, y que podríamos considerar como la octava generación, en parte basados en el veloz avance de la ciencia y la tecnología.

Cada generación es especial, y siempre aporta algo nuevo y único a este planeta. Así que no vale la pena sentirse fuera de moda o viejo. Cada uno de nosotros tiene algo que enseñar, sin importar la edad. Es lógico que las últimas estén más familiarizadas con la tecnología, pero, al final, todas las generaciones se complementan, sobre todo al momento de trabajar en un proyecto colaborativamente.

1900-1914: Generación Interbellum

Como su nombre lo indica, esta es la generación de aquellas personas cuyos padres lucharon en la Primera Guerra Mundial, pero que eran demasiado jóvenes para participar de esta guerra y probablemente demasiado mayores para intervenir en la Segunda Guerra Mundial. Cuando terminó la guerra de 1914, la recuperación de algunas economías hizo que estos jóvenes empezaran a transitar los felices y desenfadados años veinte, para pasar luego a un período de recesión económica. Esta generación podría ser abuela de las generaciones X e Y.

1915-1925: Generación Grandiosa

Es hija de los que lucharon durante la Primera Guerra Mundial, pasó su infancia durante los dorados años veinte y en su juventud combatió en la Segunda Guerra Mundial (1939-1945).

Los hombres de este grupo trabajaron duramente por conseguir su bienestar familiar. Se caracterizaron por ser tranquilos y pacientes, formales, uniformes, cooperativos, ganadores, anteponiendo el interés público por sobre el interés personal; conformistas, respetuosos e individualistas, prefirieron el deber al placer y aprendieron a ganarse la vida gracias al propio esfuerzo y al compromiso, sintiendo satisfacción por el trabajo y el deber cumplido. Para ellos "todo tiempo pasado fue mejor".

1926-1945: Generación Silenciosa

A esta generación le tocó vivir un tiempo dramático en la historia de la humanidad: la Gran Depresión de EE.UU. que afectó a las economías mundiales, el auge del nazismo y la Segunda Guerra Mundial, incluyendo la mayor parte de la Guerra de Corea. Estos hechos fueron el contexto para el crecimiento y la consolidación de un modelo de vida donde se valoraban el trabajo en equipo y el sacrificio para alcanzar las metas, mientras reinaban la austeridad y el silencio. Atravesar estas experiencias les hizo desarrollar algunos valores como el tener que esforzarse para conseguir lo que se quiere y la noción de tiempo y constancia, dos elementos imprescindibles para cumplir los objetivos que nunca se obtienen inmediatamente. Por este motivo, algunos autores también la llaman "niños de la posguerra", y otros, "los constructores", ya que de alguna manera son los que construyeron la sociedad actual, los que plantaron sus cimientos.

Sus integrantes fueron educados en una época donde las instituciones ejercían un preciso control sobre la vida de los individuos, crecieron bajo la doctrina de la fe, fueron educados para agradar a la gente y para hacer lo que otros habían decidido para ellos, sin cuestionar a la autoridad ni realizar elecciones personales que se salieran de la norma; se les enseñó a callar ante las injusticias, y por esta razón se los tildó de generación silenciosa.

Es característico de este grupo la devaluación de la mujer y la sobrevaloración del hombre. El recato y la evasión de la sexualidad formaban parte de la educación de las niñas, como también su función primordialmente procreativa y maternal. Por su parte, los hombres buscaban mujeres parecidas a sus madres para casarse y formar una familia, pero también podían, por ser hombres, tener una familia fuera del matrimonio.

La creciente popularidad de la radio y el despegue del cine, particularmente de Hollywood como meca de una industria mundial, se convirtieron en los claros referentes de la tecnología al alcance de la gente. *King Kong* (1933), *Lo que el viento se llevó* (1939), *El mago de Oz* (1939) y *Casablanca* (1942) son apenas algunos de los filmes que hoy son considerados obras maestras del cine clásico. El humor de Charles Chaplin, la química de Humphrey Bogart e Ingrid Bergman, el auge del chicle (que por insignificante que parezca en la actualidad, transformó hasta las raciones de comida de los soldados durante la guerra), entre otros, marcaron no solo el contexto de la Generación del Silencio sino de todas las subsiguientes.

Para esta generación aún no podemos referirnos a las tecnologías de la información y a las comunicaciones tal como las conocemos hoy. No había celulares, computadoras, ni mucho menos Internet.

En la actualidad los miembros de este grupo tienen más de setenta años y son los abuelos que, aun cuando algunos se mantienen integrados al mundo laboral, "son lentos para cambiar sus hábitos de trabajo. En su conjunto son tecnológicamente menos hábiles que las generaciones más jóvenes. Como la tecnología evoluciona y cambia la práctica de la ley, pueden tener problemas para aprender nuevos procesos tecnológicos y laborales", según afirma Sally Kane. Aun así, y a pesar de no tener el mayor índice de alfabetismo y apropiación digital, las investigaciones y desarrollos en ciencia y tecnología de su época son los que sentaron las bases de nuestra sociedad digital.

Este grupo asistió al nacimiento de la televisión, hecho que revolucionó la vida de las sociedades. La irrupción de la pantalla en los hogares instaló nuevos hábitos y, con el paso del tiempo, le ganó terreno a los restantes medios de comunicación, la prensa, la radio y el cine. La gente se pasaba más horas delante del televisor ya sea para informarse o para divertirse, restándole tiempo a la lectura, el cine, la radio y la lectura de los diarios. De esta forma, el medio audiovisual creció y la lectura quedó más circunscripta al ámbito académico. Si bien la radio, el cine, los diarios y los libros permanecieron y siguen vivos, tuvieron que compartir sus espacios con la televisión.

En la actualidad, y pese al surgimiento de otros medios de comunicación digital, la televisión sigue ocupando para ellos un lugar importante dentro de los medios más utilizados durante el tiempo libre. Sin embargo, en estos últimos años, internet la desplazó de su lugar entre los jóvenes; los menores de veinte años utilizan más horas por día para internet que para la TV.

Si bien no pertenecen a una época digital, los adultos mayores que conforman este grupo, siguen viendo la TV, pero también introdujeron las nuevas tecnologías a su vida: suelen usar tablets, computadoras y teléfonos celulares. De esta manera, evitan quedar desconectados de las nuevas generaciones, de sus hijos y nietos, y también de sus amigos.

Por otra parte, la tecnología ayuda a los "silenciosos", personas mayores que a veces presentan su movilidad restringida, a entretenerse y a no sentirse solos y aislados. Según datos de la Ofcom, la Oficina de Comunicaciones británica (autoridad reguladora y de competencia aprobada por el gobierno del Reino Unido para las industrias de transmisión, telecomunicaciones y postales), en los últimos tiempos casi se ha duplicado el uso de teléfonos inteligentes en personas mayores de 75 años, creciendo de un 8 % a un 15 %.

Una de las características de este grupo etario es que no suelen preocuparse mucho por su privacidad, tienen poco registro de las consecuencias de su comportamiento digital, lo que los lleva a compartir datos personales en las redes que, en algunos casos, los podrían poner en peligro; también son más proclives a que los estafen o a ser víctimas de amenazas.

Por sus características y edad, dos de los temas centrales de su día a día son la salud y la situación económica, por lo que es posible que además de buscar en una pantalla la interacción, también procuren encontrar información vinculada con estos temas. Están acostumbrados a interactuar con la voz, será por esto que usan servicios como SIRI o asistentes de Google. También, a causa de la edad, seguramente su visión esté disminuida, por lo que eligen páginas con dibujos o letras grandes. A la hora de tener que elegir y comprar dispositivos tecnológicos, son sus hijos o nietos quienes los asesoran. Les interesan las noticias y las informaciones. Siguen leyendo los diarios impresos, miran bastante televisión, aunque algunas veces también miran las noticias online. Según las últimas estadísticas, en el último tiempo hubo un incremento significativo del uso que hacen de las redes sociales, creciendo de un 19 % a un 41 %. Aun así, no han desarrollado confianza con los sitios de venta online, no se sienten a gusto dejando sus datos en una página, así que prefieren seguir yendo a los negocios para realizar sus compras.

1946-1964: *Baby Boomers*

Baby Boomer se emplea para agrupar a las personas que nacieron durante el *Baby Boom* (explosión de natalidad) que ocurrió en el periodo contemporáneo y posterior a la Segunda Guerra Mundial, entre los años 1946 y 1964. Luego de esta guerra, varios países como Estados Unidos, Canadá, Australia y Nueva Zelanda atravesaron un notorio aumento en las tasas de natalidad, fenómeno al que se llamó Baby Boom, que también ha servido para dar nombre a esta generación.

Los boomers se asocian con el privilegio, ya que muchos crecieron en una época de subsidios gubernamentales generalizados en la vivienda y la educación de posguerra, y en un aumento de la riqueza. Como grupo, fueron la generación más rica, más activa, y de los primeros en crecer genuinamente esperando que el mundo mejore con el tiempo. El creciente consumismo de esta generación ha sido criticado regularmente como excesivo, lo mismo que su narcisismo que le valió el nombre de "Generación Yo".

Otra de las características de los boomers es que tendieron a considerarse a sí mismos como una generación especial. En la década de 1960, cuando un número relativamente grande de jóvenes se convirtió en adolescentes y adultos jóvenes, ellos y quienes los rodeaban crearon una retórica muy específica en torno a sí mismos y los cambios que estaban produciendo. Esta retórica tuvo un impacto importante en su autopercepción.

Los integrantes de este grupo crecieron en un momento de dramático cambio social. En los Estados Unidos, ese cambio marcó a la generación con una fuerte división cultural, entre los defensores del cambio y los individuos más conservadores. Algunos analistas creen que esta división se desarrolló políticamente desde la Guerra de Vietnam hasta mediados de la década de 2000, definiendo en cierta medida el panorama político y la división en el país. A partir de la década de 1980, los boomers se volvieron más conservadores, y muchos de ellos lamentaban los cambios culturales que trajeron en su juventud.

Los primeros y medianos boomers alcanzaron la mayoría de edad por lo que experimentaron eventos memorables como la Guerra Fría, la crisis de los misiles cubanos, los asesinatos de JFK, Robert Kennedy y Martin Luther King Jr., la agitación política, la Guerra de Vietnam, la libertad sexual, la experimentación con drogas, movimientos por los derechos civiles, por el medio ambiente, de las mujeres, la Beatlemanía y Woodstock. Descubrieron que su música, sobre todo el rock and roll, era otra expresión de su identidad generacional. Las radios de transistores eran dispositivos personales que les permitían escuchar The Beatles, Motown Sound y otros artistas. Fueron además la primera generación en crecer con la televisión con espectáculos populares como *El club de Mickey Mouse*, *La isla de Gilligan*, *Batman*, *Star Trek*, *El show de Ed Sullivan* y *Días felices*.

A menudo se los asocia con la contracultura de los años sesenta, al movimiento por los derechos civiles y a la causa feminista de la "segunda ola" de los setenta. Pero, en sentido contrario, muchos de ellos se inclinaron en direcciones moderadas a conservadoras frente a la contracultura.

Desde el punto de vista tecnológico, esta generación creció con la televisión, lo que determinó una manera muy diferente de acceder a la información, de establecer lazos sociales, y de divertirse. Como tuvieron que adaptarse a cambios económicos, políticos y sociales, pudieron también acomodarse luego frente a la irrupción de las nuevas tecnologías.

Como no estamos ante nativos digitales, se suele creer que están lejos del mundo digital. Pero, por cierto, usan la tecnología y las redes sociales, con mayor preferencia por Facebook, aunque también se han incorporado a Instagram, Google y Twitter.

Actualmente hay alrededor de 75 millones de *Baby Boomers* en los Estados Unidos, y ellos son el segmento de consumidores tecnológicos que crece más rápido. Mientras que los milenial consumen la tecnología que está en tendencia y cambian en un segundo, ellos son diferentes: una vez que encuentran una marca que les resulta cómoda, son extremadamente leales a ella. Su característica en la navegación es realizar una tarea por vez, no se han adaptado a la multitarea, tan difundida en estos tiempos.

Este grupo controla el 70 % del ingreso disponible, y las compañías están adaptando la tecnología para que les agrade. Son conservadores, adictos al trabajo, valoran acumular experiencia en un mismo lugar, respetuosos del estatus social y de las jerarquías, leales al lugar en donde trabajan, enemigos del ocio y con cierta resistencia por las ideas innovadoras.

¿Para qué usan internet?

- Completar encuestas.
- Leer información, diarios, artículos y blogs.
- Hacer compras cuando el sitio es fácil, sino no concretan la compra.
- Ver videos sobre productos y servicios.
- No suben fotos personales ni información (cuidan su privacidad).
- Se suelen preocupar mucho por su salud y bienestar físico y mental, para ello utilizan diversas aplicaciones en sus celulares.
- Como sienten gran interés por las noticias, las ven, leen y escuchan por la televisión y por la prensa escrita, diarios y revistas.
- Cuando miran la TV prefieren los programas de actualidad, política, noticieros, documentales y concursos.

1965-1979: Generación X

Nacidos a mediados de los años sesenta y hasta 1979, son los hijos de los *Baby Boomers*. Será por esto que tienen algunas características de sus padres, la generación anterior.

Los X nacieron en una época de cambios y no necesitan de Internet para vivir sus vidas o divertirse. Se vieron afectados por el bombardeo del consumismo de los años ochenta y principios de los noventa, la manipulación del sistema político, la llegada de internet, y profundos cambios históricos como la caída del muro de Berlín, el fin de la Guerra Fría y la aparición del sida, las dictaduras latinoamericanas y el terrorismo de Estado, entre tantos otros acontecimientos.

Durante la niñez o la adolescencia, vivieron cambios tecnológicos como la llegada del CD y los walkmans, le dieron la despedida a los videos y los casetes y fueron testigos privilegiados de la irrupción de internet. Nacieron y cursaron una infancia analógica y se volvieron digitales durante la juventud. De pequeños, conocieron los juegos analógicos: el elástico, saltar la soga, jugar con las figuritas o las canicas, el fútbol, los juegos de mesa, los rompecabezas, los cómics, la escondida, el quemado y tantos otros que han marcado las infancias de estas personas que disfrutaron de la diversión sin necesidad de pantallas ni de redes sociales. A ellos la revolución tecnológica les llegó en la juventud y no se resistieron: entendieron que internet y las nuevas tecnologías habían llegado para quedarse, y que tenían que adaptarse para poder seguir adelante.

Será por este motivo, por no ser nativos digitales, pero por haber comprendido la necesidad de adaptación que, si bien son usuarios entrenados del mundo digital, internet no lo es todo en sus vidas. La entienden y la utilizan como una herramienta más. Aunque se sienten a gusto por la tecnología, al segmento más longevo de esta generación, internet, las redes sociales y el comercio electrónico, todavía les resulta un tanto ajeno. Para ellos el ocio significa salir y encontrarse con personas y disfrutar del aire libre, como paseos, andar en bicicleta y jugar al pool, en lugar de encerrarse con los juegos muchas horas. Ellos aprendieron a jugar en la calle y fueron los primeros usuarios del chat.

Los X fueron los primeros en utilizar las computadoras en sus trabajos; navegan y participan de las redes sociales como

Facebook, Instagram, Twitter y Youtube. El 75 % mira videos relacionados con eventos pasados y el 68 % mira noticias actuales y culturales. Los contenidos más solicitados son instructivos para reparar objetos de la casa, recetas, tutoriales para usar y arreglar dispositivos tecnológicos, documentales de arte y tutoriales de belleza. Los integrantes de este grupo suelen compartir videos con sus amigos y familiares mediante las redes sociales, pero no los crean, solo los comparten. Para comunicarse usan whatsapp y Facebook Messenger. También hablan por teléfono, por celular, a diferencia de las generaciones posteriores, y siguen utilizando el mail. Son usuarios del ecommerce y aprovechan las compras online. Comparten algunas características de la generación de sus padres, como ser responsables, muy trabajadores y valorar la familia. Según un estudio de la empresa de smartphones WIKO, esta generación utiliza los celulares de manera habitual, y solo el 56 % se considera dependiente de ellos, un porcentaje menor que en las generaciones Y y Z.

Esta generación ya sabe que no estará toda su vida en el mismo trabajo; trabaja para vivir y no vive para trabajar. Mantiene una relación directa e informal con sus jefes y se muestra más satisfecha con sus trabajos que las generaciones siguientes. Durante el tiempo libre, elige ver la TV, vincularse con su familia o amigos, leer y escuchar música.

Estamos frente a la última generación de inmigrantes digitales ya que sus hijos ya son nativos digitales. Por esto, esta generación tiene la responsabilidad social de transmitir a las nuevas generaciones parte del mundo analógico del que provienen. Enseñarles que existen otras herramientas además de las digitales para poder resolver diferentes cuestiones de la vida cotidiana. Por ejemplo:

- nos podemos comunicar con el otro hablando y mirándolo a la cara, y no solo por mensajes o audios;
- no es lo mismo jugar un partido de fútbol en una consola que patear la pelota en una cancha real;

- se puede tomar nota con un lápiz y un papel, y no solo con un teclado;
- además de internet, existen los libros;
- no es lo mismo ver un cuadro por internet que contemplarlo en un museo;
- no es lo mismo jugar con alguien que está a nuestro lado que jugar con alguien que está al otro lado de una pantalla;
- si se depende de internet y no se desarrollan herramientas alternativas, cuando por alguna razón se corra el riesgo de no estar conectado se generará un estado de mucha ansiedad e inseguridad, una sensación de estar perdido en medio de una isla desierta. Almacenar toda la información solo en el celular y no apelar al ejercicio de la memoria o de la escritura en papel, pueden causar problemas si se produce una interrupción de la energía eléctrica o si la batería del celular se daña o descarga.

1980-1999: Generación Y o Milenial

La Generación Y, también conocida como Generación del milenio, del inglés *Millennial Generation*, es el grupo que sigue a la Generación X. La expresión "Generación Y" se utilizó por primera vez en la revista *Advertising Age* para referirse a los adolescentes de aquella época, a los que identificaron distintos de los de la Generación X. Se los llama así porque fueron los primeros en llegar a la adultez después del cambio de milenio.

Se trata de personas que se adaptan fácil y rápidamente a los cambios, ya que fueron avanzando con ellos: del Betamax al VHS, luego al DVD, después al Blu-Ray hasta navegar con soltura en las aplicaciones de streaming. Usaron el teléfono fijo para comunicarse con sus amigos y conocieron gran variedad de teléfonos móviles, hasta llegar a los llamados teléfonos inteligentes. Pasaron de usar disquetes para almacenar su información, a los CDs, luego al USB y luego al almacenamiento en la nube.

Estos cambios ocurrieron en menos de veinte años y ellos aprendieron a adaptarse. Es una generación caracterizada por la hiperconexión, la necesidad de autoexpresarse, la realidad financiera, el interés por la salud, la inmediatez y la búsqueda de experiencias nuevas, entre otros gustos. Han experimentado en gran parte la disolución de la familia, el aumento de los divorcios, y son hijos de madres y padres que trabajan fuera de la casa, se interesan mucho por la tecnología, son emprendedores y multitarea.

Algunos han argumentado que la Generación Y ha trascendido las batallas ideológicas engendradas por la contracultura de la década de los sesenta. Así lo afirman Strauss & Howe en su libro *Millennials Rising: The Next Great Generation*, que la describe como más cívica, rechazando la actitud de los *Baby Boomers* y la Generación X. Esta afirmación cobra especial sentido si se considera que la difusión de internet ha contribuido sensiblemente a la democratización del control de la información, así como a los procesos de toma de decisiones.

Los pertenecientes a este grupo poseen una personalidad crítica, demostrando así su preponderancia en la cultura; cuentan con un pensamiento estratégico, además de ser más sociables y contar con una actitud de simultaneidad, es decir, querer estar atentos a varias cosas a la vez y para esto la tecnología es una aliada incuestionable. Le dan importancia a su autonomía y valoran su libertad. Sostienen que todos deben tener su propia opinión, que esta debe ser escuchada y respetada independientemente de su edad o experiencia.

En los medios de comunicación se los suele denominar nativos digitales, es decir que, para ellos, el empleo de la tecnología es parte de su vida cotidiana desde sus primeros años de edad. Han nacido y se han criado con, al menos, un dispositivo electrónico al alcance de la mano, televisiones a color, de aire y de cable, computadoras personales y videojuegos, por lo que, para ellos, el uso de nuevas tecnologías no es una práctica misteriosa ni complicada a la que es preciso adaptarse, sino todo lo contrario, la tecnología es imprescindible para su existencia.

Esta generación se caracteriza por el uso continuo de teléfonos inteligentes y redes sociales, un patrón de consumo muy basado en el boca a boca y el apego a la tecnología, lo que ha dado origen a los estudios sobre el miedo a estar desconectado o FOBO (del inglés *fear of being offline*).

Las siguientes son algunas características adicionales de esta generación.

- Son hijos de padres trabajadores que ejercieron menos control sobre su uso de la tecnología, padres más cansados por el exceso de trabajo, que comparten menos tiempo y actividades con sus hijos.
- Como nacieron con internet, son inquietos y están permanentemente conectados en búsqueda de información. Esto los vuelve algo impacientes, quieren las cosas ya, viven en la inmediatez y son menos tolerantes en general. Es una generación que se caracteriza como algo individualista.
- Utilizan internet y la tecnología para todo. Eligen aprender mirando videos.
- No suelen mirar mucha televisión ni escuchar demasiado la radio.
- No les interesan los medios de comunicación.
- No buscan profundizar en las noticias que reciben. Lo que les llega mediante las redes sociales lo toman como información fidedigna.
- La manera que eligen para comunicarse con su familia y amigos es a través de las redes sociales, blogs, juegos online, teléfonos inteligentes, tablets o computadoras.
- Eligen pasar su tiempo libre jugando con los dispositivos o en las redes sociales.
- A la hora de trabajar les gusta tener sus propios emprendimientos, y si trabajan en empresas buscan hacerlo desde sus casas (home office) ya que no les gusta tener que cumplir horarios fijos. Buscan mantener relaciones mucho más

informales con sus jefes y les suele costar bastante aceptar las jerarquías. Por esto, muchas veces duran poco en un trabajo.

- Nunca antes en la historia ha existido una generación con mayor tasa de estudios superiores. Concretamente, más del 34 % posee título universitario. Por lo tanto, su mayor acceso a la información no solo se ha dado en el mundo digital, sino a nivel educacional. Sin embargo, su proceso educativo no termina ahí. Son conscientes de la necesidad de la formación continua para poder ascender dentro de sus compañías, en ocasiones, demasiado rígidas o anticuadas para profesionales de su tipo. Por lo tanto, están más especializados y, a la vez, son más flexibles a los cambios.

- Internet atraviesa sus vidas de manera integral y les ofrece todas las respuestas de forma inmediata y por sus propios medios. Esto implica que ya no necesitan consultar con los adultos, profesores o padres para obtener las respuestas a la información que están buscando. En consecuencia, se modifica también la manera de relacionarse con el mundo adulto mostrando signos de irreverencia, desvalorización de la opinión, experiencia y autoridad adultas.

Daniel Matesa, experto en proyectos digitales amplía en su sitio *expertosnegociosonline.com* una serie de aspectos que definen aún más a esta generación:

- Son inconformistas: han aprendido a conseguirlo todo, porque tienen los medios y están más preparados para ello.
- Son multitarea: están acostumbrados a trabajar en varias tareas a la vez.
- Son autodidactas: con Internet han descubierto la forma de autoformarse.
- Son globales: están acostumbrados a personas y a empresas multinacionales. Hablan varios idiomas y para ellos los territorios no son límites.

- Son creativos y únicos: esta generación ha vivido y visto mucho más que las otras, por lo que su fuente de información es más amplia y llena de conocimiento. Eso los hace sentirse únicos y especiales.
- Quieren ser exitosos, pero no ricos: su concepto de éxito es diferente al de las otras generaciones. Tener tiempo libre y de ocio es lo que prima para ellos, no el dinero.
- Quieren un mundo mejor: son activistas y luchan por cambiar el mundo. Con ellos se han impuesto muchos movimientos, como por ejemplo el vegetarianismo.
- No se atan a los compromisos: esto hace que no se aten a trabajos ni a personas; tener hijos no es su prioridad.
- Son consumistas: han nacido en la era del marketing, donde todo lo que nos rodea es venta.
- Son independientes y emprendedores: con ellos ha crecido el trabajo autónomo y freelance. Se sienten fuertes y capaces de tener autonomía laboral.

Desde 2000: Generación Z o Centenial

Generación Z, Generación posmilenial, iGen, generacion net o centenial son los nombres utilizados para hacer referencia a las personas nacidas después de la Generación Y que comienza con el fin de la burbuja económica. Por lo tanto, se compone actualmente de adolescentes en su mayoría y adultos-jóvenes en un porcentaje en crecimiento.

La mayor parte de este grupo ha usado internet desde edad temprana, y en general se sienten cómodos con la tecnología y con la interacción en las redes sociales. También llamada "La nueva generación silenciosa", ya que surgió en un momento de conflicto mundial (atentados, crisis económica, etc.), que vive en una sociedad líquida y diversa, para ellos el mundo circula en las redes sociales, así que hay que captar su atención de manera rápida y directa, en menos de ocho segundos. Son creativos, maduros y autosuficientes. Prefieren la privacidad, las aplicaciones que no muestran su información personal, han adoptado la tecnología desde sus primeros pasos lo que les ha generado una gran dependencia de ella y los inclina al mundo virtual. Son hábiles para el uso de los medios digitales, aunque, por otra parte, se los describe con cierta dificultad para las habilidades interpersonales. Además, muchos no creen en vivir según las normas sociales. Su sociedad existe en internet donde se abre su mente y pueden expresar sus propias opiniones. Debido a esto, viralizan las luchas sociales y les dan voz a las injusticias gracias a las redes, por lo que han aprendido a tener una gran conciencia social, sentido de la justicia y ética.

La educación y el trabajo desempeñan un papel muy importante en sus vidas, ya que los entienden como un medio de supervivencia. Para ellos prevalece la inteligencia y el conocimiento sobre la tecnología. El hecho de haber nacido después del auge digital de los años noventa hace que se adapten de manera extraordinaria a futuras tecnologías como ninguna otra generación lo ha hecho antes. Muchos de ellos son hijos únicos, lo que los convierte en seres muy diferentes de las generaciones anteriores. No significa que sean egoístas, individualistas o retraídos, sino que tienen una perspectiva diferente de la familia y de las relaciones interpersonales. Ser hijos de padres que no quisieron más que un hijo los convirtió en personas con una óptica muy distinta del mundo que habitan.

Pueden ser impacientes dado que están acostumbrados a obtener resultados inmediatos. Internet siempre estuvo ahí para ellos y eso simplemente lo dan por hecho. Lo consideran el mayor instrumento para la humanidad. Los medios de comunicación que emplean son las redes sociales y se relacionan a través de comunidades en línea como Facebook, Instagram, Twitter, Flickr, Tumblr, WhatsApp, Badoo, Tinder, YouTube, Telegram, entre otros.

Son capaces de hacer grandes comunidades y enormes colaboraciones por medio de internet sin conocer a nadie personalmente. Algunos no se desarrollan de manera correcta en materia de hablar en público dado que sus modos de comunicación son principalmente a distancia y la privacidad es un tema controvertido para ellos.

Es una generación posmodernista que ha crecido con las leyes a favor de la comunidad LGTB como el matrimonio igualitario y con la toma de conciencia en contra del racismo y el machismo. Por eso, es un grupo más tolerante, multicultural y con mayor preocupación social y ambiental que los anteriores. Son autodidactas y están empapados de información.

Algunas otras características de los Z son:

- No les interesa aquello que no se resuelve rápidamente.
- Les cuesta fijar la atención cuando algo demanda un poco más de tiempo.
- Son amantes de las selfies, lo que los hace verse como muy narcisistas.
- Son muy exigentes, proactivos y emprendedores.
- Son creativos y pueden adaptarse con facilidad a los diferentes trabajos.
- Están dispuestos a mudarse a diferentes lugares del mundo.
- Están acostumbrados a buscar la información que necesitan en Internet, muchas veces logran hacerlo antes que sus maestros, lo que los lleva a quitarle un rol importante al sistema educativo.
- Son autodidactas.
- Lo cuestionan todo.
- Son más críticos que la Generación Y.
- Son relajados con la autoridad.
- Son solidarios y se comprometen en causas para ayudar a otros.

- Quieren transformar el mundo, sienten que este es su propósito.
- No sienten como prioridad tener una casa y formar una familia.

Según un estudio presentado por Núria Vilanova, fundadora y directora de Atrevia, e Iñaki Ortega, autor y director de Deusto Business School, en Madrid, titulado "Si pensaba que ya estaba todo dicho con los millennials, prepárese para la #GenZ", y que puede leerse en el sitio *marketingdirecto.com*, los miembros de esta generación se caracterizan por ser personas con una gran capacidad para trabajar en la red, con culturas diferentes y puestos relacionados con la creatividad y la innovación. Los autores sostienen que los profesionales más valorados del futuro no serán aquellos que cuenten con una mayor especialización dentro de un campo concreto, serán aquellos que sean polímatas y puedan hibridar conocimientos de áreas diferentes. Afirman que nos encontramos ante la primera generación que se ha educado con internet y ha aprendido a socializarse a través de plataformas como las redes sociales. "Van a suponer un cambio importante en la sociedad, la política y la forma de trabajar ya que han crecido en un mundo digital sin la barrera del online y offline", destaca Vilanova. "Han cambiado el tener por el usar. Quieren disfrutar de las cosas sin necesidad de poseerlas formándose una visión positiva de la realidad", agrega.

"El informe rompe una lanza a favor de la tecnología. Si somos capaces de ayudarlos a comprender y utilizarla, no tenemos que temer nada", aclara Ortega, ante los miedos que muchos exponen por el alto consumo tecnológico de esta generación. "La digitalización en educación va mucho más allá de tener ordenadores en las aulas. Se trata de ser capaces de fusionarnos con lo que está sucediendo fuera ya que el mercado nos está demandando otro tipo de profesionales", argumentan.

En otro párrafo los autores se preguntan si las organizaciones están preparadas para recibir a esta generación, ya que entre las principales preocupaciones que manifiestan se destaca el no poder encontrar un empleo acorde con su personalidad, no disponer de oportunidades de crecimiento profesional o no alcanzar las metas en su carrera. Según refiere el estudio, los miembros de este grupo tienen preferencia por la autonomía dentro del entorno laboral, algo que ya llevó a muchos milénicos a optar por ser emprendedores incluso antes de su primer empleo, conducta que se mantiene en quienes están llamados a ser su relevo.

"Vemos que estos jóvenes son consumidores de algunas de las iniciativas nacidas dentro del marco de la economía colaborativa. Un fenómeno que esta generación comprende perfectamente y apoya, por lo que se irán sumando a esta nueva realidad, tanto en calidad de usuarios como emprendedores. Recordemos que han convertido lo negativo en positivo por lo que las empresas los necesitan para seguir avanzando. Para sacar lo mejor de esta generación hay que ofrecerles compañías diferentes con un mensaje continuo de flexibilidad y participación cambiando la jerarquía por la participación", recalca Vilanova. "Se acerca la era pil-pil, es decir, se requiere movimiento constante en el sistema educativo, la cultura, las empresas, el empleo y muchos de los valores que se han quedado anticuados", expresa Ortega.

Más adelante en el estudio, los autores afirman que en relación con las oportunidades que brinda este tipo de economía aparece ligado el concepto de *gig economy*, del que las nuevas generaciones serán protagonistas. Esto refleja el paso de un modelo económico donde el trabajo era estable y para un solo empleador a otro en el que se entiende que es temporal, autónomo y para varios empleadores. La Generación Z aparecerá vinculada a más proyectos con un futuro en el que tendrán gran importancia los trabajos autónomos, sostienen. "Sus dinámicas de consumo y comportamiento son absolutamente diferentes a las de las generaciones anteriores", expresa Vilanova. "El entorno digital en el que han forjado su personalidad supone que la reacción en tiempo real cuando interactuamos con ellos sea clave. Tenemos que ser capaces de adaptar los recursos y los sistemas a sus nuevas necesidades: puestos de trabajo, canales de comunicación, modelos de aprendizaje y diálogo", concluye.

Desde 2010: Generación T

El término Generación Táctil, *Touch* o T tiene su origen en las tecnologías con pantalla táctil. Fue acuñado en 2012 para referirse a la generación que en ese momento estaba en pleno desarrollo educativo y así poder ver qué la diferenciaba de otras generaciones y qué retos enfrentaban los sistemas educativos a la hora de formarlos. Desde entonces se ha utilizado este término para designar a la generación sucesora de la Generación Z.

Se trata de las personas que nacieron en el momento de explosión y masificación de la tecnología. Conocen y experimentan el mundo a través de una pantalla digital táctil. Viven en una sociedad superconectada, y tuvieron acceso a dispositivos *touch* desde bebés, por lo cual les son naturales y cotidianos, han desarrollado la intuición frente a ellos, experimentan y logran manejar diferentes aplicaciones sin necesitar de ningún tipo de explicación previa. Frente a la mirada sorprendida del mundo adulto, para ellos internet y las pantallas no esconden secretos ni sorpresas. Es algo normal, no innovador, forma parte de su vida cotidiana.

Y de hecho lo toman como algo tan natural, que muchas veces no disponen de otras herramientas o habilidades para resolver cuestiones de la vida cotidiana. Si se llegan a quedar sin batería o sin conexión, a veces pueden carecer de otras estrategias para resolver la situación ya que para ellos no tener internet es como no tener agua.

Prefieren una tablet o un celular a una computadora, porque pueden transportarla y tenerla a mano cuando quieran. Para ellos es su juguete favorito, y para muchos llega a ser el único. Y a medida que crezcan, ese "juguete" pasará a ser casi exclusivamente la forma de conectarse con el mundo y el medio para aprender.

También en esta generación, como en la anterior, la conexión a internet y la tecnología, los lleva a buscar todo ya y no poder esperar, buscan la inmediatez en todo. Esto se traduce muchas veces en comportamientos de poca tolerancia, quejas y reclamos cuando las cosas no ocurren al segundo como quieren. Para ellos el tiempo que llevan las tareas equivale a tan solo un *touch*.

Internet y las redes sociales les generan una dificultad para discernir lo público de lo privado, lo que los lleva a publicar y a comentar aspectos de su privacidad y a exponerse, algo que les puede ocasionar muchos problemas.

Según datos estadísticos, en 2016, el 81 % de los bebés pueden encontrarse en internet ya que sus padres se ocuparon de crearles un perfil online.

* * *

Casi como dentro de una estructura circular, volvemos ahora al comienzo de este capítulo en el que nos detuvimos a repasar el ingreso y la presencia de las pantallas a través del avance de las diversas generaciones. Todo lo mencionado no solo da cuenta de las particularidades y diferencias sociales e históricas que los miembros de cada generación encarnan, sino que también es un buen punto de partida para reflexionar acerca de la importancia de no subestimar ni discriminar a ninguna persona por pertenecer a una u otra generación. Cada una de ellas ha atravesado y experimentado circunstancias claves de la historia y por ello cuenta como un valioso aporte social y humano. Sin duda, la misión y la visión de este capítulo es hacer hincapié en la importancia de la colaboración intergeneracional como factor necesario para un empleo a favor de las pantallas en tanto medios para conectar, difundir, acercar, informar, emprender y democratizar infinidad de aspectos de la vida que por otros medios no serían posibles. Hecho que se manifiesta con mayor fuerza cuando analizamos los riesgos que el empleo excesivo o adictivo de las pantallas representa para la calidad de vida de niños, adolescentes, jóvenes y adultos. Pero este será el tema del capítulo siguiente.

Capítulo 3

Efecto pantalla

Como vimos en los capítulos anteriores, internet se ha convertido en una herramienta fundamental de nuestra vida. Nos resuelve todo: diversión, comunicación, orientación, búsqueda de trabajo, información, compras, socialización, y hasta las citas amorosas. Esto sucede mucho más aún en el caso de las generaciones que nacieron digitales.

¿Pero esta presencia tiene riesgos para los niños, adolescentes y jóvenes? Claro que sí, y es muy importante que todos los adultos estemos atentos a ellos. Si bien sabemos que internet es parte de la vida, es imprescindible que tomemos conciencia de sus peligros y nos mostremos con una actitud activa en relación a cómo nuestros hijos utilizan estas herramientas.

Para empezar, en general tenemos muy pocas reglas claras y firmes respecto del uso de estas herramientas y los niños comienzan a usarlas cada vez a edades más tempranas.

¿Esto tiene efectos? Por supuesto. Aun cuando no contemos con investigaciones a largo plazo, sí podemos observar algunos de los efectos que van a apareciendo.

Para poder ordenarnos, iremos repasando lo que sucede etapa por etapa según los rangos de edad.

De 0 a 2 años

Día a día se vuelve más frecuente ver que los padres ofrecen a sus hijos toda clase de dispositivos con pantalla: desde sus teléfonos, tablets, hasta el televisor o la computadora para entretenerlos o calmarlos. De esta manera, los dispositivos se convierten en chupetes electrónicos o niñeras electrónicas. Incluso, muchos padres los utilizan como la primera opción para disponer de más tiempo libre o detener un berrinche de sus hijos. He notado que los padres con mayores dificultades para manejar los caprichos de sus hijos son los que tienden a apelar al recurso de la pantalla. Es así que, cuando los adultos prueban esta técnica y observan que les da resultado, no solo no dejan de usarla, sino que a la vez los niños se habitúan a ella y quedan a la espera de este entretenimiento, hecho que refuerza, con el tiempo, los caprichos de los niños ya que aprenden que, recurriendo a sus berrinches, obtienen lo que quieren, es decir, el celular o la tablet.

Preocupada por este tema, la Asociación Japonesa de Pediatría implementó una campaña para controlar el uso de los teléfonos celulares inteligentes y tablets en bebés y chicos muy pequeños, por considerarlos un riesgo para el desarrollo. La campaña consistió en colgar carteles en clínicas pediátricas con el mensaje "No permitas que los *smartphones* sean las niñeras de tus hijos". El objetivo de esta campaña fue despertar conciencia en los padres acerca de la importancia de limitar el tiempo de uso de estos dispositivos en niños muy pequeños.

No es recomendable exponer a niños tan pequeños al efecto de las pantallas porque en esta etapa su cerebro triplica su tamaño y es cuando se produce el desarrollo del cerebro más rápidamente. Para ello es importante que puedan interactuar con personas en la vida real. El niño necesita explorar el mundo con sus cinco sentidos, poder tocar, oler, saborear, y no solo lo que se puede ver y escuchar en las pantallas. Por esto, para un buen desarrollo es necesario el contacto físico y la interacción con otras personas y con la naturaleza.

Por otro lado, para el desarrollo del lenguaje es fundamental que puedan hablar con sus padres. Es riesgoso que el bebé esté interactuando con las pantallas en lugar de con los padres. Esto además de restarle tiempo para estar con ellos, reemplaza actividades básicas para el desarrollo como jugar o leer.

Además, un buen desarrollo requiere de la interpretación del lenguaje no verbal. Los niños pequeños que pasan mucho tiempo con las pantallas corren el riesgo de no entrenarse en reconocer los gestos y las emociones en la cara del otro, algo que sucede en la interacción presencial.

Algunos estudios nos aportan datos vinculados con esta problemática. Por ejemplo, la investigación realizada por la Universidad de Sunshine Coast (SCU), comparó cómo interactuaban en conversaciones cara a cara 200 personas que crecieron sin Facebook con aquellas que accedieron a las redes sociales a muy corta edad. Se detectó que estos últimos mostraban cierta incapacidad para comprender las expresiones faciales de sus interlocutores. Las conclusiones de esta investigación son idénticas a las de estudios similares realizados en Francia, Estados Unidos, Rumania y Reino Unido.

También es importante considerar cuáles son los contenidos a los que los niños pequeños están expuestos en los dispositivos, es decir, qué es lo que el niño ve o escucha, como a qué está jugando. Hay algunos contenidos que, por sus rápidos cambios de pantallas y de luces, no están recomendados para los más chicos. Lo mismo sucede con las imágenes que pueden resultar traumáticas a tan temprana edad.

Youtube Kids

Es usual creer que podemos estar tranquilos si optamos por plataformas destinadas a los niños menores como, por ejemplo, *Youtube Kids*. Se supone que en esta plataforma los contenidos y el material seleccionado son para niños menores de 13 años y que, por lo tanto, no implicará ningún peligro. Incluso, según comunica la compañía, los videos elegidos son amigables para la familia, refiriendo que realizan un control diario, las 24 horas del día de todos los videos.

Sin embargo, hace un tiempo atrás sucedió en diferentes países del mundo una situación que nos llama a reflexionar a la hora de dejar a los niños solos con la tecnología.

El relato de esta situación comenzó a circular en los chats de padres. Se alertaba sobre la presencia de "Momo", un personaje siniestro y tenebroso que irrumpía sin ser buscado en mitad de los videos que frecuentemente miran niños muy pequeños, no tan pequeños y adolescentes. Su sorpresiva aparición podía ocurrir en videos de *Peppa Pig* y *Baby Shark*, contenidos que consumen niños en edad preescolar. Este personaje diabólico era capaz de generar en los niños, debido a su imagen terrorífica, mucho miedo. Pero la historia no termina aquí: Momo irrumpía planteando un desafío, el *Momo Challenge*. Este consiste en enviar mensajes diabólicos a los niños y adolescentes para que se hagan daño a sí mismos o a terceros. Por ejemplo, golpear a su madre, empujar a su hermano o lastimarse. Conductas que amenazan sus vidas y la de sus familiares. Y hay más aún: de no llevarse a cabo estas acciones, los amenazaba con que les pasaría algo grave por la noche.

La difusión de este *challenge* generó terror entre padres y niños. Se viralizó con tal alcance que el video comenzó a verse en los chats. Esto causó un efecto contrario al deseado, ya que, si bien la mayoría de los chicos no había visto este personaje, al viralizarse, su presencia adquirió mucha más relevancia. De hecho, muchos padres, con la intención de proteger a sus hijos y advertirlos, terminaron por mostrarle el video.

Por lo tanto, vuelvo a resaltar el peligro de dejar a los niños pequeños interactuando solos con la tecnología y la importancia de que los padres, además de estar muy atentos de qué es lo que seleccionan para que vean, también deben ser muy cuidadosos en la manera en cómo educan a los niños en relación al uso de la tecnología.

La tecnología y el cuerpo

Los niños de esta edad necesitan moverse, hacer uso de su cuerpo, ya que es la etapa del desarrollo motor. Estar conectados a los dispositivos hace que permanezcan quietos y sedentarios, hecho que puede aumentar la obesidad infantil, y la falta de interacción con el propio cuerpo.

Además, los niños que pasan muchas horas frente a las pantallas pueden sufrir algunos problemas físicos; por ejemplo, algunas especialistas destacan que enfocar los ojos desde una distancia muy cercana puede estresar y cansar el ojo. La luz y el brillo de las pantallas utilizadas por la noche pueden llegar a retrasar la producción de melatonina, la hormona responsable de generar cambios neurofisiológicos para poder conciliar el sueño, lo que provoca alteraciones en el sueño.

Habitualmente observamos que gran cantidad de padres utilizan los dispositivos para calmar a sus hijos cuando están nerviosos. Esto impide que los niños desarrollen otras estrategias, como habilidades para aliviar su angustia y ansiedad. Luego serán chicos con poca capacidad de tolerancia al malestar y a la frustración ya que no aprendieron a tolerar un "No" y a manejar sus emociones.

Como ya mencioné, si tu hijo tiene un capricho y le das el celular para calmarlo, seguramente sentirá que lo estás recompensando y es muy probable que en el futuro vuelva a emplear esta estrategia, la del capricho, para conseguir lo que quiere. Así, lo que al comienzo nos parece la solución más fácil, a largo plazo se transformará en un problema.

Tras la observación de niños a lo largo de los años, notamos que la estimulación generada por haber estado expuestos en exceso, y a edades tempranas, esto es entre los 0 y los 18 meses, a tecnologías, se asocia con déficit de atención, problemas de aprendizaje y aumento de la impulsividad.

Observando a los padres

Muchas veces nos hemos encontrado con madres amamantando a sus hijos mientras chequean sus redes sociales o contestan un mail. También es muy frecuente ver un padre conduciendo el auto con su hijo en el asiento trasero y que, en lugar de hablarle o cantarle, esté conversando por teléfono por algo de su trabajo. Más de una vez vemos a madres o padres en la plaza mirando el celular en lugar de mirar a su hijo. Estas escenas son solo algunas de las tantas imágenes frecuentes de estos últimos tiempos.

¿Esto tiene efectos en los niños? ¡Claro que sí! Porque, en lugar de relacionarnos con nuestros hijos, de conversar con ellos y escucharlos, de jugar o conectar con sus gustos y preferencias, estamos conectados con otros mediante las pantallas o simplemente con las pantallas. Nuestra conducta les está enseñando un modelo a nuestros hijos que establece que lo más importante, lo que está primero, son las pantallas.

Otro de los riesgos del uso de tecnología cuando estamos con nuestros niños son los accidentes a los que quedan expuestos mientras nosotros estamos sumergidos en la pantalla. Efectivamente, el cerebro no puede realizar varias tareas simultáneamente, así que, si desenfocamos la atención de nuestros pequeños para leer el mensaje que acabamos de recibir, o para chequear la cantidad de likes que pusieron a una foto, no podremos poner la atención necesaria para cuidarlos. Esto puede derivar en algún accidente doméstico, como por ejemplo que el niño toque un artefacto peligroso en la casa, o se vuelque un líquido encima, o se queme, o se nos pierda si estamos en un lugar público.

Por último, otro de los riesgos más importantes radica en el tiempo que restamos a los niños para jugar e interactuar con ellos por invertirlo en las pantallas. Esto afecta el desarrollo saludable de los pequeños que necesitan de manera fundamental el contacto con otras personas para crecer sanos.

De 2 a 5 años

A partir de esta edad los niños utilizan cada vez mejor la tecnología. Incluso, desde este punto de vista, muchos de ellos ya podrían manejarse sin ayuda de un adulto. Sin embargo, tal como sucede con los niños más pequeños, también debemos ser muy cuidadosos ya que existen muchos peligros en el mundo virtual.

Se trata de una etapa de la vida donde es clave la interacción social de los niños para su crecimiento saludable. Ellos necesitan comunicarse y jugar cara a cara con los adultos y con otros niños, por lo tanto, el tiempo que dediquen a las pantallas será tiempo que resten para esta interacción.

Los niños que pasan muchas horas desde muy pequeños interactuando con pantallas tendrán luego dificultades para vincularse con sus amigos ya que corren el riesgo de no desarrollar habilidades sociales ni empatía, y ser más propensos al sedentarismo y a la obesidad. De hecho, si las usan antes de irse a dormir, esto puede generarles problemas en el sueño. Por lo tanto, a esta edad, es recomendable que los niños no estén más de una hora por día interactuando con los dispositivos. Es fundamental limitar el tiempo del uso de las pantallas.

Además del tiempo, también debemos prestar atención a qué hacen con las mismas, es decir, tener en cuenta qué contenido consumen. Por ejemplo, no es apropiado en esta etapa que tengan acceso a contenidos violentos ni sexuales. En este aspecto, hay que considerar que aun seleccionando las actividades y los videos que los niños miran, muchas veces pueden aparecer algunas imágenes o páginas que se abren solas que pueden ser traumáticas o no convenientes para los más pequeños. Por esto insisto en que es riesgoso que los niños tan pequeños estén solos manejando sus pantallas. Si bien a esta edad muchos de ellos ya tienen la destreza necesaria para utilizar los dispositivos sin ayuda, no están preparados emocional ni psicológicamente para comprender cualquier tipo de imagen o contenido. No cuentan todavía con la capacidad para discernir los peligros del mundo virtual ni para procesar determinadas imágenes, videos o desafíos que se plantean en la web. Esto puede ocasionar mucho temor en los niños, ya que en general no son capaces de darse cuenta de qué es lo que les sucede, no pueden transmitírselos a sus padres ni pedir ayuda.

La observación nos lleva a concluir que los niños de esta edad que pasan mucho tiempo con las pantallas suelen manifestar más caprichos. Esto podría deberse a la sobrestimulación que su uso les genera, como también muchas veces a los contenidos a los que se encuentran expuestos.

Desde los 6 años en adelante

A partir de esta edad muchos niños empiezan a estar solos frente a sus pantallas con lo cual los riesgos aumentan de manera considerable. En general, como ya saben leer y escribir, la computadora, el teléfono, las tablets y las consolas de juegos les abren un nuevo mundo. Desde allí pueden acceder a contenidos no aptos para su edad o vincularse con personas que no conocen en la vida real. Me detendré en particular sobre los riesgos para los niños escolares y adolescentes.

Si bien las redes sociales establecen una edad mínima de 13 años para poder utilizarlas, en general los niños mienten en la edad y comienzan a usarlas muchos años antes. Cuanto más pequeños sean y más tiempo pasen allí, mayor será la posibilidad de que no se entrenen en habilidades sociales que tienen que ver con la interacción interpersonal cara a cara. Relacionarse mucho tiempo con la pantalla reemplazando la interacción presencial por la virtual, les impide poder registrar los gestos y las emociones de su interlocutor. Esto a su vez contribuye para que haya una disminución de la empatía.

Exposicion online

Cuando los chicos ya pueden leer y escribir comienzan a hacer uso de una gran variedad de sitios y aplicaciones en internet. Tanto en sitios de juegos como en las redes sociales comparten información personal, de su familia o amigos. Por ejemplo, comparten sus actividades, sus rutinas, el lugar donde viven, quiénes son sus amigos, con quiénes estuvieron, quiénes integran su familia, el colegio al que asisten, la edad que tienen, si son de algún cuadro de fútbol, qué deporte practican, a qué lugares les gusta ir, etc. También suelen compartir fotos y trasmitir sus estados de ánimo.

Frente a este escenario, es importante tener presente que en internet suelen circular delincuentes informáticos que toman toda esta información y la utilizan para cometer diferentes tipos de delitos.

Las pantallas: una zona de riesgo

A continuación, trataré de desarrollar diversos temas asociados con el uso excesivo de las pantallas, los riesgos que implican determinadas conductas y las situaciones posibles con las que los adultos podemos encontrarnos y frente a las que tenemos que no solo estar informados sino también decidir.

Antes de avanzar, es importante definir el concepto de ciberdelito o delito informático en referencia a aquel que atenta contra la confidencialidad, la integridad y la disponibilidad de los sistemas informáticos, redes y datos informáticos, abusando de los mismos.

Hackers

Un *hacker* es una persona con grandes conocimientos de informática que se dedica a acceder ilegalmente a sistemas informáticos ajenos y a manipularlos, incluso algunos diseñan virus informáticos muy perjudiciales. Los datos que obtienen de las cuentas digitales tienen un alto precio en el mercado negro. Suelen buscar cuentas en las diferentes redes sociales, seleccionar aquellas que tienen muchos seguidores y piden dinero a cambio de la información, modifican algunos datos o llevan adelante chantajes.

Algo muy frecuente es el robo de contraseñas, mails e información personal. También, otra forma de engaño actual es recibir un mail con el logo de Instagram o Twitter que avisa que alguien está queriendo entrar a la cuenta. Por esto, el correo sugiere cambiar las contraseñas. Cuando el usuario lo hace, se le roban sus claves. Por lo tanto, hay que tener presente que cada vez es más común el robo de cuentas de las redes sociales.

Además, hay que considerar que las redes sociales nos abren al gran mundo virtual en el que una vez que algo fue publicado ya deja de pertenecer al ámbito privado y se transforma en algo público. Cuando se traspasa este límite, ya no tenemos control sobre nuestros contenidos y lo publicado puede llegar a cualquier persona y de manera permanente.

Un chico puede arrepentirse de una foto o de un texto que subió en una red social pero, una vez hecho, ya no tiene más control. Aun cuando lo borre no sabe a dónde llegó previamente y qué es lo que se hizo con esa información. Ya pudieron haberlo visto millones de personas, puede llegar a ser imposible hacerlo desaparecer de la red y puede ser usado en su contra en cualquier momento. De esta manera, lo que al principio parece algo divertido, en un futuro puede convertirse en algo amenazante y perjudicial. Hay que destacar que todos los contenidos que se suben a las redes sociales, toda la información allí publicada, actúa como el currículum del niño, joven y futuro adulto. Todo lo posteado forma parte de la identidad virtual. Para entrar a un colegio, universidad o trabajo, las redes sociales y todo lo que se ha subido al mundo virtual ofician de fuente de información a la hora de habilitar o no un ingreso a una institución.

Tal como vemos en la encuesta publicada en Argentina Cibersegura, realizada por ESET Latinoamérica, un alto porcentaje de usuarios suele compartir información personal:

- El 57,8 %, es decir, más de la mitad de los usuarios que publican información personal, publica sus números telefónicos en sitios como las redes sociales.
- Más del 30 % publica su lugar y horario de trabajo.
- El 22,2 % comparte información sobre su casa.
- El 20 % la fecha y lugar donde pasan sus vacaciones.

Esta información que se comparte luego puede ser utilizada para amenazar o extorsionar al niño o al joven. Tomemos por caso el ejemplo de una joven docente que se toma una foto ebria a la salida de una discoteca; la envía y esta comienza a circular por las redes hasta que llega a las manos de sus alumnos. Los padres acceden a estas fotos y reclaman ante las autoridades del colegio. Si bien ella no estaba en su horario laboral, esta situación da una imagen inapropiada frente a sus alumnos, padres y autoridades del colegio. Por lo tanto, la foto le provoca un problema laboral.

Otro dato a considerar es el tipo de contenido que publicamos, porque las redes sociales cuentan con criterios de selección y clasificación de nuestro material e información personal. Así que, nuestra vida, nuestras rutinas y nuestros gustos, serán información valiosa para muchas empresas y políticos que están deseosos de hacernos llegar de manera sesgada sus productos y mensajes de una manera muy atractiva.

Como ya dijimos en capítulos anteriores, no se trata de eliminar o dejar de usar internet o las redes sociales, más bien de llevar adelante una actitud crítica frente a lo que leemos. Ni qué hablar si los usuarios son niños y jóvenes todavía más permeables e influenciables que los adultos.

Publicar información personal puede habilitar el espacio a críticas, insultos o difamaciones por parte de los *haters*.

Haters

El término *hater* proviene del inglés y significa "persona que odia". En el contexto de nuestro tema, se emplea la palabra *hater* para hacer referencia a las personas que atacan, insultan, acosan, agreden, se burlan, desprecian o critican a otra persona en las redes sociales. Los ataques y las agresiones pueden darse frente a alguna información puntual, frente a una acción compartida o sencillamente como una forma de insulto personal motivado por el solo hecho de criticar o difamar. En general, empiezan con comentarios públicos que luego se repiten cada vez con mayor frecuencia. Una posible motivación para este tipo de acciones es la envidia. Por eso cuando se publica determinado tipo de información, cuando se recorta una parte de la vida de uno y se transmite una imagen irreal y parcial de la vida, esto puede despertar envidia y odio en determinado tipo de personas.

En los niños y adolescentes que se encuentran en una etapa de la vida de mayor inseguridad y vulnerabilidad, el ser objeto de burlas, desprecio o críticas en las redes sociales, puede tener efectos devastadores para su imagen personal y autoestima.

Hablar de *haters* nos conduce a otro problema muy grave que ocurre entre los niños y los adolescentes: el *ciberbullying*. Pero antes me referiré a los famosos *trolls* o troles.

Trolls o troles

Son usuarios de las redes sociales que insultan, envían mensajes provocativos, roban la identidad digital de otros o publican información falsa. Algunos troles hacen esto para divertirse, sin darse cuenta del daño que pueden provocar. Sin embargo hay otros que resultan peligrosos ya que su objetivo es acosar sostenidamente a alguien. Es importante tener en cuenta que el objetivo de los troles es molestar, provocar, buscar que el hostigado se moleste y se enoje. No buscan interactuar ni dialogar.

Es muy difícil el manejo y trato con los troles. *¿Por qué?* Porque hoy en día usamos internet para todo. Los usuarios generan contenido, y nosotros vamos en búsqueda de esa información, para encontrar opiniones y elegir, por ejemplo, a qué hotel iremos, dónde cenaremos, qué pélicula veremos en el cine, etc. La gente suele creer más en las opiniones de otros usuarios que en lo que nos cuentan las empresas sobre sí mismas. Y todo consumidor, todo usuario, tiene la libertad de opinar sobre lo que consumió. Por lo tanto, esa misma libertad es la que hace muy difícil poder limitar la acción de los *trolls*.

Esto implica que debamos ser críticos a la hora de leer algún tipo de información. Cuestionar siempre la información que recibimos o leemos, chequear su veracidad y analizar qué hacemos con ella.

Fake News

Son noticias falsas que se generan intencionalmente y comienzan a circular en la web. Los *trolls*, bots y cuentas de reproducción automática se encargan de que se difundan rápidamente, lo que produce un mayor número de comentarios y likes que aumentan su distribución. De esta manera es posible manipular la opinión pública ya que una noticia falsa puede adquirir el aspecto de una información cierta y real. En el fondo, este tipo de contenido busca desinformar. Si bien siempre existieron noticias falsas, hoy internet les ofrece un alcance y una difusión mucho más rápida. Según una encuesta exclusiva realizada por la Agencia SOLO Comunicación de Argentina:

- el 26 % de las personas no chequea la veracidad de la información de actualidad que lee en Internet;

- en relación con la procedencia de las *fake news*, el 31 % cree que los dirigentes políticos son quienes las inventan, un 29 % considera que los responsables son los medios de comunicación y un 23 % responsabiliza a los *trolls*.

Los cuadros que siguen dan cuenta del comportamiento de los usuarios frente a las *fake news*.

Noticias falsas (*Fake News*)

¿Quiénes cree que podrían llegar a inventar una noticia falsa?

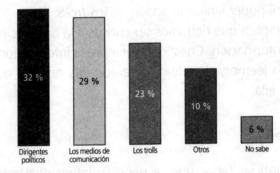

¿Qué hace cuando se entera que una noticia que circula por internet es falsa?

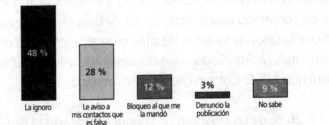

Plataforma preferida para compartir información

¿Cuál es la plataforma que más utiliza para compartir información de actualidad?

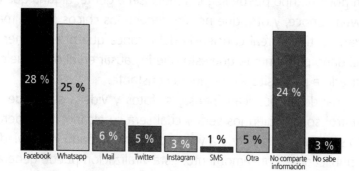

Chequeo de información

¿Chequea la veracidad de la información de actualidad que ve en portales de internet?

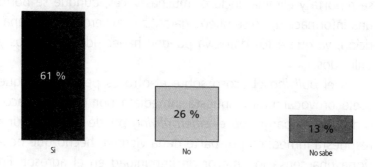

Fuente: Encuesta exclusiva realizada por SOLO Comunicación.

Ciberbullying o Tecnología + Bullying

El *ciberbullying* o ciberacoso sucede cuando un niño o adolescente utiliza la tecnología para acosar, humillar, amenazar, hostigar, asustar o burlar a otro niño o adolescente. La diferencia con el hostigamiento escolar o el *bullying* es que la víctima no se puede escapar, no tiene refugio, cuando se va del colegio y llega a su casa, este continúa. La comunicación puede seguir en cualquier lugar y a toda hora del día y de la noche. Otra diferencia es que el alcance del *ciberbullying* es ilimitado. En poco tiempo puede llegar a muchísima gente, alguna que el joven conoce, y otra que no. En general los chicos que lo realizan no tienen real conciencia del alcance que puede tener y del daño permanente que esto puede causar en el otro; suelen hacerlo a propósito y de manera constante.

Cuando se publican mensajes, fotos y videos se pierde el control sobre quién los verá y cuál será su alcance verdadero. No se sabe a quién llegará y si podrá ser guardado y reenviado o publicado en otro momento. Esta viralización puede generar un efecto devastador en el acosado, ya que más allá de sentirse lastimado por el comportamiento del hostigador en su contra, sufre también por la difusión de esa información. De esta manera muchas veces se construye una reputación negativa, que puede ser pública y permanente si esta información no se reporta y elimina. Incluso, muchas veces, aunque se borre una información, no se puede garantizar su verdadera desaparición, ya que estos datos ya pueden haber sido guardados y utilizados.

En el *bullying* el acoso sobre el otro es personal, lo que suele provocar una respuesta inmediata por parte del acosado. Sin embargo, en el *ciberbullying* puede no haber una respuesta inmediata por parte de la víctima, hecho que ocasiona una sensación mayor de impunidad en el agresor. En los conflictos cara a cara el agresor puede registrar algo de lo que le está pasando al acosado, lo que puede conducir a su arrepentimiento y detención del acoso, es decir que en las relaciones cara a cara suele haber más probabilidad de desarrollar la empatía que en los vínculos que suceden por medios digitales. Por lo tanto, hay muchas más probabilidades que un acoso digital se perpetúe.

¿Qué medios se utilizan para hostigar?

- Mensajes escritos o audios
- Fotos o videos
- Mails
- Chats en redes sociales
- Blogs
- Posteo de imágenes o mensajes
- Juegos online

Los medios por los que se realiza el *ciberbullying* generan una falsa sensación de anonimato, lo que hace que los chicos que no se animarían a acosar o burlar a otro personalmente sí se animen a hacerlo por esta vía. También esta modalidad deja una sensación errónea respecto del daño que se ocasiona, se minimiza lo que se está realizando ya que no se dan cuenta de la cantidad de personas a las que puede llegar esta información, lo que aumenta la cantidad de posibles agresores.

¿Cuáles son los actos de *ciberbullying*?

- Enviar mensajes desagradables por mail, whatsapp, redes sociales o blogs.
- Publicar textos humillantes acerca de alguien en las redes sociales
- Imitar a otro online.
- Excluir a otros online.
- Etiquetar imágenes inapropiadas. Por ejemplo, si hay una imagen de un burro ponerle el nombre de un chico.
- Mantener discusiones inapropiadas.
- Crear una cuenta falsa de Facebook, por ejemplo, haciéndose pasar por el acosado.
- Usurpar la identidad del acosado, por ejemplo, robándole la contraseña.
- Difundir chismes o rumores acerca de alguien.

- Burlarse de un chico en un chat grupal.
- Atacar o matar a un avatar o personaje de un juego online con intención de molestar.
- Amenazar a alguien por vía online o por mensajes.
- Compartir fotos o videos ajenos sin permiso previo.

Es importante destacar que para que una conducta sea considerada como ciberacoso debe darse de manera reiterada. Es usual que los chicos discutan o se peleen en las redes sociales o en los juegos online. También se burlan o se hacen chistes, pero no siempre estos actos son considerados ciberacoso. Para que sea ciberacoso estos mensajes deben tener el propósito de lastimar al otro y se tienen que sostener en el tiempo.

¿Quiénes son los diferentes actores que participan en la escena del *ciberbullying*?

- *El hostigador*: es el chico que humilla, acosa, o burla de manera sostenida a otro niño.
- *El hostigado*: es quien sufre el acoso o humillación.
- *Los testigos o espectadores*: son los que participan de manera pasiva en la escena; observan la humillación o el acoso desde afuera, pero no hacen nada. No lo denuncian ni lo defienden. Muchas veces son amigos del acosado, hecho que desencadena en este un efecto de desilusión y angustia intensas, ya que hubiera esperado esta conducta del victimario, pero no de sus amigos. De esta manera los testigos terminan involucrándose indirectamente con la agresión.

¿Cómo detectamos el *bullying*?

Los adultos tenemos que estar muy atentos ya que los chicos suelen ser muy reacios a reportar incidentes de *ciberbullying*, porque piensan que la intervención de los adultos puede empeorar aún más la situación.

Como dijimos unos párrafos arriba, el acosado sufre más no ser defendido por el amigo que es testigo de la situación que por el acoso del que lo molesta. Se siente traicionado, defraudado por aquellos a los que consideraba incondicionales.

¿Qué cambios de conducta observamos en las víctimas?

- Tristeza, depresión, miedo, ansiedad, inseguridad y baja autoestima.
- Cambios de humor o llanto repentino, sin razón aparente.
- Modificación del rendimiento escolar.
- Desinterés para ir al colegio o para asistir a eventos sociales.
- Evitar participar en el colegio, por ejemplo, hablar en clase.
- Bajar sus calificaciones sin razón evidente.
- Evitar el uso de los teléfonos celulares o, por el contrario, estar demasiado atento a los dispositivos para estar al tanto de las publicaciones que se hacen sobre él.
- Estrés al recibir un mail, mensaje o cuando se está jugando online.
- Aislamiento de sus amigos y familia.
- Deseo de permanecer a solas en su habitación.
- Cambios en la alimentación, pérdida de apetito, o ingesta compulsiva de alimentos.
- Trastornos del sueño.
- Muchas veces pueden aparecer ideas de muerte.

Según los datos suministrados por la ONG *Bullying sin fronteras*, en su informe "Estadísticas de *Bullying* 2018 en Argentina", a cargo del Dr. Javier Miglino y Equipo, el *bullying* o acoso escolar ha crecido un 33 % desde noviembre de 2017 a noviembre de 2018. Se pasó de 2236 casos graves de acoso escolar denunciados a 2974, lo que da cuenta de que cada vez hay más denuncias y más violencia. Según los datos de Miglino, de los casos denunciados hubo al menos 120 intentos de suicidio entre chicos de primaria, secundaria y universitarios que llegan a situaciones extremas, por no haber podido soportar el hostigamiento sostenido día a día. "El Informe Anual del Observatorio Internacional de *Bullying Sin Fronteras* se nutre de las denuncias que presentan padres, encargados, docentes y alumnos ante la Justicia y los ministerios de Educación provinciales o de la Nación, de los casos que llegan a la Justicia, de los reportes de hospitales públicos y de las denuncias que recibimos en nuestros correos y en nuestras redes sociales, es decir, solo reflejamos casos importantes de *bullying* y *ciberbullying*, por lo que resulta posible que la cifra total de casos de acoso escolar y ciberacoso en la República Argentina sea aún mayor", sostiene Miglino.

"Ya no ocurre como antaño en que padecían acoso escolar aquellos con mayor rendimiento escolar o atributos físicos. Ahora cualquier motivo es una excusa para el *bullying* y para dañar. Y en el caso de las chicas, la belleza física, lejos de resultar una ventaja, resulta un problema porque son agredidas sin piedad, especialmente en escuelas de la Provincia de Buenos Aires, la Ciudad de Buenos Aires, Córdoba, Rosario, Formosa, Misiones, Corrientes, Río Negro y Mendoza, recibiendo golpes, amenazas, burlas y ciberacoso en las redes sociales por la sola publicación de una imagen", afirma Miglino. Y continúa: "En el caso de los niños y los muchachos, el foco principal pasa por un pobre rendimiento en las actividades deportivas. En general, los acosadores toleran mejor a un compañero con buenas notas o con un comportamiento fuera de los cánones del aula que a aquel que no juega bien al fútbol, basquet, rugby, voley o la actividad física que se desarrolle en la escuela".

Las figuras de la página siguiente muestran las causas de ciberacoso según el sexo.

Causas de *bullying* en chicas

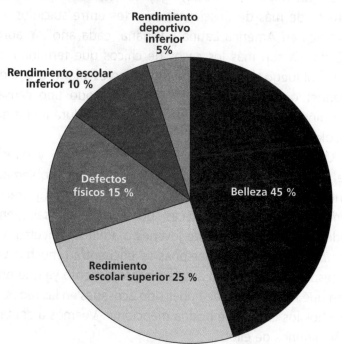

Rendimiento
deportivo
inferior
5%

Rendimiento escolar
inferior 10 %

Defectos
físicos 15 %

Belleza 45 %

Redimiento
escolar superior 25 %

Causas de *bullying* en chicos

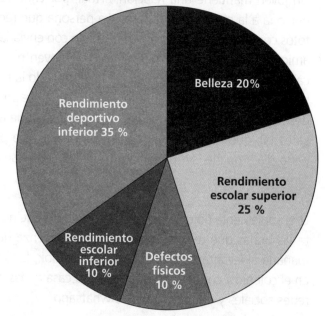

Belleza 20%

Rendimiento
deportivo
inferior 35 %

Rendimiento
escolar superior
25 %

Rendimiento
escolar
inferior
10 %

Defectos
físicos
10 %

Según Miglino, "el *bullying* y el *ciberbullying* son causa directa de más de doscientas muertes entre suicidios y homicidios en América Latina y España, cada año". Y agrega: "Cada día son más los casos de chicos que terminan en el hospital luego de un continuado acoso escolar (...) que debe atender golpes, fracturas y heridas de todo tipo causadas por niños y adolescentes a sus compañeros durante las horas escolares".

Como profesional especializada en el tema, y directora de reConectarse, un centro especializado en problemáticas vinculadas con las nuevas tecnologías, recibo muy frecuentemente consultas telefónicas, por correo, mensajes en las redes sociales, de parte de jóvenes o adultos, vinculadas con el *ciberbullying*. Estas personas se encuentran muchas veces desesperadas, y buscan ayuda o asesoramiento ya que no saben qué hacer, luego de haber sido acosadas en las redes. Son muchos los casos que podría mencionar. Veamos a continuación algunos de ellos.

- Un joven mantiene una relación virtual, por chat, con una persona a la que le manda fotos. La persona que recibe las fotos comienza a acosarlo amenazándolo con enviarlas a sus amigos si deja de recibir nuevas fotos. El joven no conoce cara a cara a la persona con la que ha entablado la relación. Le mandó fotos comprometidas y luego se siente atrapado, desesperado y sin saber qué hacer. La angustia que atraviesa es tal, que no puede pensar en otra cosa, vive preocupado día y noche, sin poder dormir ni concentrarse en sus tareas cotidianas.

- Una adolescente no quiere ir más al colegio porque no soporta las burlas que recibe. Su sufrimiento comienza desde la mañana al levantarse en Instagram y Facefook, luego sigue en el colegio y continúa más tarde en su casa en las mismas redes sociales y en los grupos de whatsapp.

- Una madre me consulta ya que está muy preocupada porque su hija no quiere ir más al colegio, alegando sentirse mal. Cada día le expresa un dolor diferente: la panza, la cabeza, náuseas. La madre no entiende qué le está pasando a su hija; el médico la encuentra sana. Además, la niña siempre había sido muy buena alumna, no le gustaba faltar al colegio, pero, sin embargo, ahora se siente enferma cada mañana al despertar. Luego de hablar con la joven, ganar su confianza y empatizar con ella, me revela que ya no soporta más ser molestada por sus compañeros. Curiosamente, ni los padres, ni los docentes habían registrado esta situación. El hostigamiento a veces puede transcurrir silenciosamente y manifestarse cuando se vuelve insoportable para la víctima.

- Juana tiene 17 años y se enamora de Nico. Pero a Caro, su amiga, también le gusta Nico. Hasta ese momento, Juana y Caro son muy amigas, pero esta coincidencia empieza a ocasionar problemas entre ellas. Una noche discuten y se pelean en la puerta del boliche. Cuando Juana regresa a su casa comienza a recibir mensajes ofensivos de Caro por whatsapp. Esta situación se mantiene durante varios días y a toda hora. Luego, los mensajes ya no son solo de Caro, sino que se suman otras amigas de ambas. Caro, muy enojada, consigue que sus amigas también participen en el hostigamiento. Juana comienza a sentirse muy mal y, desconsolada, se aleja de sus amigas. Deja de salir con ellas y de quedarse a dormir en sus casas. Sus padres no entienden qué le sucede a su hija que, de llevar una vida social activa, de salir con sus amigas los fines de semana, empieza a quedarse cada vez más tiempo replegada en su habitación. Así que intentan hablar con ella, pero la joven no tiene ganas de hablar y cada vez está más sola, aislada y triste.

- Joaquín está cursando sexto grado. Sus padres se mudan y cambian al niño de colegio. Joaquín está entusiasmado porque conocerá nuevos compañeros. Sin embargo, cuando empieza a ir al colegio, no lo reciben como él esperaba. Los chicos se le burlan, lo llaman "Nerd", se ríen de él porque usa anteojos; nadie le habla ni quiere jugar con él. Cuando llega a su casa, la situación se prolonga por Facebook y en los juegos en red también. Joaquín está muy triste y ya no quiere volver al colegio.

Son numerosos los ejemplos de niños, adolescentes, jóvenes y adultos que sufren *bullying*. Es una acción que invariablemente genera efectos en la víctima, y no siempre de la misma magnitud. En algunos casos, llegan a surgir ideas de muerte o hasta de suicidio. Mencionemos como ejemplo el caso de la adolescente de La Plata que en el año 2018 decidió quitarse la vida en su aula, delante de sus compañeros y agresores, tras haber soportado varios años de *bullying*.

Según un estudio de UNICEF, en Argentina, 6 de cada 10 jóvenes se comunica a través del celular y 8 de cada 10 usan internet. Actividades como chatear, jugar en línea, buscar y compartir información y contenidos son acciones cotidianas en el ejercicio de su ciudadanía digital. "El *ciberbullying* aparece como la experiencia negativa más mencionada entre los adolescentes. Este es un dato importante si tenemos en cuenta que chicos y chicas construyen su identidad interactuando tanto en la vida "real" como en la virtual", sostiene María José Ravalli, especialista en Comunicación del mencionado organismo. Por esto, es importante "reflexionar sobre la implicancia de la discriminación digital y a compartir por qué no hay que compartir contenidos que discriminan", concluye Ravalli.

Hablar de *ciberbullying* nos lleva a hablar de otro fenómeno: el *sexting*. Muchas veces el hostigamiento sostenido puede abrir las puertas al *sexting*, sin que la persona que ha enviado ese contenido sea consciente de las posibles consecuencias de sus acciones.

Sexting

El *sexting* (*sex*=sexo y *texting*=envío de mensajes de texto) o sexteo consiste en el envío de contenidos de tipo sexual (principalmente fotografías y/o videos) a otras personas por medio de teléfonos celulares. Se trata de una conducta muy frecuente entre adolescentes. Hoy en día los jóvenes se vinculan a través de internet y utilizan diferentes dispositivos para hacerlo: tablets, notebooks, ebooks, consolas de juegos, celulares y computadoras. Por esto, es imposible para los padres controlar todo lo que hacen sus hijos mediante estos artefactos. Por otro lado, como ya mencionamos, los jóvenes no suelen tener conciencia plena acerca de los peligros que implican compartir contenidos privados. Una y otra vez vale la pena recordar que lo que se envía o se publica es irreversible e indeleble, por lo cual puede ser utilizado en cualquier momento en su contra dañando su reputación social y/o digital, perjudicándolo académicamente o de cara a un futuro trabajo. Incluso, lo publicado puede ser motivo de acoso. Los jóvenes muchas veces reciben estos mensajes y los reenvían sin registrar que esto viola la privacidad. Siempre existieron las fotos, videos o dibujos sexuales, pero las nuevas tecnologías facilitan el intercambio de esta información. Tan solo con un click una foto puede llegar a muchísimas personas, instantáneamente, y de manera irreversible.

El sexo genera curiosidad, sobre todo durante la adolescencia y juventud, en la que los jóvenes están ávidos de experimentar y explorar. Para algunos se trata de un juego. Otros acceden a mandar estos contenidos por la presión de sus pares o buscando la aprobación o pertenencia a un grupo. Otros lo hacen porque está de moda hacerlo. Incluso también nos encontramos con algunos que lo hacen simplemente como un gesto romántico hacia su pareja. A esto podemos sumarle la rebeldía adolescente, la sensación de sentirse adultos y de estar tomando sus propias decisiones.

Hoy en día es tan común compartir la vida en las redes, que muchas veces los jóvenes no se detienen a pensar qué es lo que están compartiendo, qué contenido vale la pena compartir y cuáles pueden ser las consecuencias de hacerlo. Y muchas veces se comparte la intimidad con gente desconocida en la vida real.

Luego de consultar a los chicos, concluimos que el 80 % de los que lo hacen sabe que está mal, pero lo hace de todas formas. Piensan que no les pasará nada (omnipotencia adolescente) o que no serán descubiertos. Cuando conversamos con ellos, muchos son conscientes de los siguientes riesgos:

- *ciberbullying*;
- extorsión o amenazas;
- que el material enviado sea utilizado para un sitio de pornografía;
- hacer público algo de su intimidad;
- daño de la imagen personal.

En general los padres no alcanzan a darse cuenta de si sus hijos tienen o no límites claros a la hora de enviar imágenes de sí mismos y desnudos por las redes a conocidos o desconocidos. Según una investigación realizada en 2015 por La Campaña Nacional para la prevención del embarazo adolescente y el embarazo no deseado (*The National Campaign to prevent teen and unplanned pregnancy*):

- el 39 % de los adolescentes de entre 13 y 19 años y el 59 % de entre 20 y 26 ha hecho *sexting*;
- el 48 % de los adolescentes y el 64 % de los jóvenes recibió mensajes de *sexting*;
- admiten que han hecho sexteo no solo con las parejas, sino con gente que les gustaba;
- el 15 % de los adolescentes reconoce haber hecho sexteo con gente a la que ha conocido por internet y que nunca ha visto en la vida real, cara a cara.

Algunos peligros del *sexting*

- El que recibe las imágenes puede compartirlas en canales públicos, ya sea deliberadamente, o sin malas intenciones.
- Un hacker puede llegar a acceder al contenido que se guarda en la nube y a la carpeta de fotos privadas.
- Si se pierde o roban el celular puede llegar a manos de un desconocido que después podrá usar las imágenes para extorsionar, amenazar o venderlas y hacerlas circular.
- Puede suceder que un joven no sepa que las imágenes están en algún lugar del mundo virtual, guardadas o circulando.
- Las imágenes pueden aparecer durante mucho tiempo, incluso hasta años.
- Estas pueden ser usadas para amenazar o sacar provecho del otro.
- Algunas veces las fotos pueden ser usadas para alguna página de citas o pornográficas.
- Repercute en la imagen de la persona. Pueden verlo personas que conoce y ocasionarle muchos conflictos.

Veamos a continuación algunos ejemplos.

- Un caso famoso es el de Amanda Todd. Ella conoció a alguien por internet y tras el pedido e insistencia de esta persona, Amanda le mostró sus senos. El acosador guardó estas imágenes y luego las usó para acosarla y generarle mucho miedo. Las imágenes se viralizaron y todos sus compañeros la vieron. Amanda se sintió devastada. Sus padres se mudaron de ciudad, pero esto no fue suficiente. El acoso y sufrimiento continuaron hasta que Amanda se suicidó.

- Camila tiene 16 años. Tras la insistencia de su novio, acepta enviarle una foto de ella desnuda. Luego se pelean y el chico difunde su foto entre sus amigos, que rápidamente se hace viral entre el grupo social de la adolescente. Todos hablan del cuerpo de Camila. La miran. Ya nada es igual para esta joven dentro de este grupo social. Se siente muy incómoda y quiere desaparecer. Se siente traicionada y a la vez avergonzada.

- Felipe tiene 15 años. Bromeando con sus amigos, se graba masturbándose, y envía el video a su grupo. Uno de ellos, para continuar con la broma, lo sube a una red social. El video se viraliza y empieza a circular entre los chicos de la escuela. Todos lo miran, hablan de él, se ríen y se burlan. Felipe se siente muy avergonzado y con mucho malestar.

- Micaela y Juan se filman íntimamente. Ahora Juan la amenaza a Micaela para que le mande fotos de ella desnuda, porque si no enviará la filmación a todos sus conocidos.

Es importante tener en cuenta que algunos casos de sexteo en menores pueden desembocar en *grooming*. Veamos a continuación de qué se trata.

Grooming

El *grooming* es el acoso sexual llevado a cabo por un adulto a un niño, niña o adolescente por medio de internet u otros medios electrónicos. El adulto ejerce una serie de conductas a través de internet, para ganarse la confianza o amistad del menor, creando una conexión emocional y de esta manera conseguir lo que quiere de él, algún contacto sexual, ya sea virtualmente o un encuentro cara a cara.

¿Cómo se produce el *grooming*?

El adulto se puede comunicar con el menor a través de cualquier dispositivo digital. Lo hacen a través de:

- las redes sociales;
- los mails;
- mensajes de texto o whatsapp;
- juego online;
- sitios de chateo o blogs.

Consecuencias del *grooming*

- Daños psicológicos en el menor, debido al acoso, la amenaza y la extorsión, por la manipulación del adulto.
- Si se produce el encuentro en la vida real puede tener consecuencias psicológicas como físicas. Pueden suceder situaciones de violencia, abuso y llegar hasta la muerte.

Según una encuesta realizada por *Grooming Argentina*, 7 de 10 argentinos no están al tanto de qué es el *grooming* y de los peligros que este acarrea para los menores. En general, la mayoría de los casos de *grooming* no se denuncian, lo que no nos permite conocer la cantidad de casos en nuestro país.

Por otro lado, según una encuesta realizada por ESET Latinoamérica, el 68 % de los adultos encuestados consideran que el *grooming* es una amenaza muy frecuente, y el 26,3 % dice conocer un niño víctima. De este 26,3 %, un 52,9 % tiene entre 11 y 15 años y un 33,7 % entre 7 y 10.

En la Argentina es considerado un delito penal con Ley sancionada el 13 de noviembre de 2013. En octubre del 2017 se conoció la primera condena por un caso de *grooming* seguido de muerte. En el año 2016, el condenado se había contactado con Micaela Ortega, la víctima, a través de una red social. El condenado tenía cuatro cuentas, y a través de una de ellas se contactó con la menor y luego concretaron el encuentro. Caminaron hasta un descampado y allí intentó violarla, le robó y luego la mató.

El *grooming* nos conduce hacia otro riesgo: los pedófilos.

Pedófilos

Los pedófilos son adultos que, por internet o las redes sociales, se hacen pasar por pares y a medida que van ganando la confianza del chico, lo seducen y lo introducen en temáticas sexuales o indecentes, y muchas veces arreglan citas para encontrarse cara a cara. Los niños y adolescentes comienzan a relacionarse con estos personajes, sin saber que se trata de un adulto y van cayendo en la trampa. Algunas veces la relación queda en el plano de lo virtual y otras veces llegan a concretar encuentros. Incluso, si permanecen en lo virtual, esto puede ser muy perjudicial y traumático para el menor ya que puede ocasionar consecuencias psicológicas.

Algunas veces los chicos acceden por propia iniciativa a continuar por la vía virtual o a encuentros presenciales, y otras veces lo hacen porque son amenazados. Es frecuente que los menores concreten un encuentro y que hasta llegar al lugar no sepan de que se trata de un mayor.

Los pedófilos comienzan siendo muy agradables y luego se tornan agresivos. Pueden tener cualquier edad, profesión y pertenencia social.

Hace un tiempo se conoció la noticia de una especie de manual para pedófilos, que estaba circulando por la web. El documento, de 170 páginas en inglés, es de un autor no identificado, pero tiene un título explícito y un contenido desconcertante. Se trata de una especie de tutorial con una descripción detallada de dónde encontrar niños, cómo acercarse a ellos y seducirlos poco a poco, como si fuera un juego o una broma. Recomienda primero buscar a niños dentro de la propia familia, que estén junto a madres solteras o en parques y plazas. Inclusive, el manual ofrece simulacros de qué tipo de conversaciones mantener. El texto no solo enseña cómo hacer para tener una relación sexual, sino que también reitera que el sexo con los niños no es repugnante. No incluye fotos explícitas, sino solamente imágenes informales. Una versión del manual fue encontrada a finales del año pasado en la computadora del médico Fabio Lima Duarte, de 36 años, arrestado dos veces en Belo Horizonte, capital de Minas Gerais. Inicialmente, el médico fue acusado de acceder a más de treinta mil imágenes relacionadas con pornografía infantil en el período de un año. El contenido fue rastreado por el laboratorio de inteligencia cibernética de la Secretaría de Operaciones Integradas del Ministerio de Justicia.

En Argentina, hace unos años, se conoció el caso del renombrado psicólogo Jorge Corsi acusado de integrar una red de pedofilia. Corsi, considerado como una de las máximas autoridades académicas en violencia doméstica, psicólogo reconocido, profesor de la UBA y autor de media docena de libros de texto, que integró una comisión para elaborar un proyecto de ley sobre violencia de género, fue detenido y acusado de formar parte de un grupo de pedófilos que mantenía relaciones sexuales con menores de edad, a quienes seducían con regalos. Los chicos eran captados por dos jóvenes en cíbers y casas de comida rápida en las zonas de Barrio Norte y de Recoleta, donde reside el psicólogo, de 62 años. Según se informó, también se detuvieron a otras dos personas, conocidas del profesional, acusadas de haber mantenido relaciones sexuales con un chico de 15 años, al que grabaron durante esas prácticas.

¿Qué son los *Creep Catchers*?

A la fecha existen poco más de cuatro mil millones de usuarios activos de Internet en el mundo y, en promedio, 750 000 de ellos son depredadores sexuales activos o en potencia, según cifras del Centro Internacional para Niños Desaparecidos y Explotados.

Ante esta realidad, un grupo de jóvenes canadienses conocidos como los *Creep Catchers* decidieron hacer frente al problema detectando, enfrentando y exponiendo a los depravados sexuales. El presidente del grupo accedió a contestar el siguiente cuestionario:

–*¿En qué consiste el trabajo que realiza Creep Catchers?*
El trabajo voluntario que realizamos es bastante duro, pero muy bien recompensado. En nuestro equipo tenemos un grupo de *chatters* activos en aplicaciones y redes sociales esperando a hombres y mujeres que los contacten. Entonces seguimos ciertas reglas. Una de ellas es precisar la edad en las primeras 24 horas del chat o cuando el *creep* [depravado] lleva la conversación a un plano sexual. Esperamos que nos digan un lugar y momento para encontrarnos, y entonces los grabamos para que el público lo vea. Mostramos todo, desde las conversaciones por chat hasta el encuentro.
–*¿Cómo los encuentran?*
Tampoco es que andemos por ahí buscando depredadores sexuales. Nuestro equipo de *chatters* se mantiene conectado a las redes sociales, utiliza fotos de hombres o mujeres mayores de edad, y cuando uno de ellos nos contacta, indicamos que somos menores de edad, así les damos la oportunidad para hacer lo correcto y bloquearnos o reportarnos.

Los padres muchas veces evitan hablar con sus hijos acerca de temas que les son incómodos, lo que muchas veces los lleva a ni siquiera pensar en esto. De hecho, muchos casos de pedofilia suceden mientras los padres se encuentran en la habitación de al lado. No son conscientes del peligro al que sus hijos pueden estar expuestos. Al respecto, ya hablaremos en el próximo capítulo de cuáles pueden ser las medidas a tener en cuenta por parte de los padres.
Las redes sociales abren la posibilidad de conocer a mucha gente de cualquier punto del planeta. Pero es importante recordar que no sabemos quién está del otro lado

y qué puede hacer con la información que le enviamos o subimos. Una vez más destaco que en internet no existe la privacidad.

Páginas que incitan a la violencia y a los juegos violentos

Las diversas investigaciones han demostrado una relación visible entre los chicos que pasan muchas horas frente a juegos violentos y el comportamiento agresivo. Según Greenfield, en una investigación realizada en 2015 sobre un muestreo de 130 000 participantes, aquellos que habían estado expuestos a juegos violentos aumentaban los pensamientos agresivos, el comportamiento violento y la excitación física. Además, había una desensibilización respecto a la violencia y a la interacción social positiva. En los juegos se practica la violencia, y esta se premia con puntos o pasando de nivel. Lo que no se sabe es cuánto dura el efecto. Sin embargo, si los chicos están permanentemente jugando estos juegos, seguramente en su vida cotidiana serán más agresivos que aquellos que se dedican a otro tipo de actividad o juegos.

Esto nos recuerda la masacre de Nueva Zelanda en marzo del 2019. Un atentado a dos mezquitas dejó un saldo de 49 muertos. Dicha masacre fue registrada y trasmitida en vivo por las redes sociales. Si observamos con atención, la estética del video es muy similar a los juegos de *shooters*. Las imágenes que muestra el video nos recuerdan las de un juego que está muy de moda entre los niños y jóvenes de todas partes del mundo, el Fornite. También a otros juegos como el *Apex Legends*, *Call of Duty*, GTA y LOL. Cabe destacar que las redes sociales permitieron que se trasmita esto en vivo, mientras que muchas de ellas cuentan con filtros que paradójicamente dan de baja la imagen de una mamá mostrando su pecho por amamantar a su bebé. Por lo tanto, es también buen momento para reflexionar respecto de cuáles son los filtros y los criterios que estos medios utilizan para censurar y la importancia de ser cuidadosos respecto de lo que se mira en las redes. Y esto vale tanto para los adultos, como para los niños y jóvenes que tenemos a cargo.

Páginas que incitan a comportamientos riesgosos

En la web existen infinidad de páginas o blogs sobre diferentes temáticas. Los jóvenes suelen visitarlas buscando con quién compartir sus intereses, gustos y preocupaciones.

Sin embargo, hay que estar muy atentos ya que existe gran cantidad de contenidos nocivos para menores de edad como invitaciones a autoinfligirse castigos corporales a través de conductas autolesivas, o manuales o guías dirigidas a menores que incitan a llevar a cabo conductas perjudiciales para la salud como, por ejemplo, "carreras de ayuno", restricción alimentaria severa, estrategias para ocultar la enfermedad a familiares y amigos, etc., empleando a su vez un lenguaje y un estilo comunicativo que enaltezca la delgadez patológica.

En relación con los trastornos de alimentación es válido mencionar las páginas web pro-ana y pro-mia. Ambas constituyen un factor de riesgo ya que promueven el desarrollo y el mantenimiento de los trastornos de la conducta alimentaria haciendo una apología de la anorexia y la bulimia. La anorexia y la bulimia no se presentan como enfermedades mentales, sino como "estilos de vida". Una y otra son mencionadas como si se trataran de dos chicas amigas, Ana (Anorexia) y Mia (Bulimia).

Ambos sitios presentan contenidos muy peligrosos, desde compartir "trucos" para ocultar la enfermedad a padres y amigos, hasta darse "ánimos" para lograr una pérdida de peso, o la realización, por ejemplo, de "carreras de kilos", consistentes en competir para ver quién pierde más peso en un período determinado. Suelen colgar fotografías de chicas excesivamente delgadas y el tono de los mensajes que se intercambian suele ser negativo hacia uno mismo, incitando al autocastigo, no solo mediante conductas nocivas en cuanto a la alimentación, sino también hacia la valoración sobre uno mismo, a menudo cercana al desprecio del propio cuerpo y de la propia persona. Además de estas, existen otras páginas donde los jóvenes realizan una apología de la autoagresión. La peligrosidad de estas páginas web es que en las mismas se encuentran consejos, ideas o alternativas para autolesionarse.

Lo más habitual es que detrás de estas páginas encontremos a una persona afectada por un trastorno de la conducta alimentaria, como también suelen serlo los usuarios que visitan e interactúan en ellas. Muchos de los usuarios que las visitan son chicas jóvenes, muchas veces menores de edad, que o bien padecen un trastorno de la conducta alimentaria o están en situación de riesgo de padecerlo.

Páginas pornográficas

La identidad sexual se desarrolla durante la niñez y la adolescencia. En estas etapas de la vida los niños y jóvenes son muy susceptibles a las influencias. Por lo tanto, hay que tener en cuenta que los contenidos que aparecen en internet no tienen regulación ni censuras lo que nos obliga a tener un especial cuidado con ellos.

En la actualidad, la pornografía constituye una de las industrias más grandes del mundo. Es abundante e intrusiva. Se trata de empresas que emplean tácticas de marketing agresivas para atraer a nuevos usuarios.

Cuando un niño o adolescente navega por una página pornográfica accede a información distorsionada que puede llegar a confundirlo y dañarlo. En los niños pequeños, los conecta con sensaciones que no están preparados para sentir, lo cual puede ser confuso y sobreestimularlos. Puede suceder que muchas veces se acostumbren a estimularse con determinado tipo de fotos pornográficas y luego no puedan hacerlo de otra manera.

Por otro lado, pueden aparecer imágenes y situaciones que no reflejen la sexualidad de la vida normal, como escenas perversas presentadas con total naturalidad en las que se olvida por completo el respeto, el cuidado, y el sexo seguro. Los niños o jóvenes que naveguen estas páginas pueden tomar información a la que crean cierta lo que puede llevarlos a experimentar situaciones riesgosas en un futuro.

La ilusión del *multitasking*

Hasta ahora nos detuvimos en la cantidad de actividades y riesgos que el uso indebido de internet puede ocasionar. Solo nos basta con navegar durante algunas horas para advertir los peligros que la rondan. Esto es un indicador de la presencia transversal que ocupa en nuestras vidas y en las de los niños, adolescentes y jóvenes. Esta realidad nos permite reflexionar acerca de qué sucede con la atención y la concentración cuando estamos tan absorbidos por la tecnología.

¿La atención y la concentración se ven afectadas por las pantallas? Sí, claro que sí, se ven afectadas. La premisa central es desbaratar la ilusión del *multitasking*. La multitarea del cerebro es un mito, no existe como tal. Nuestro cerebro no puede realizar varias tareas a la vez. Hoy en día el cambio de una actividad a otra se produce de manera tan veloz que se ha extendido la falsa sensación de simultaneidad. Pero el cerebro solamente puede hacer una actividad por vez ya que focaliza una tarea a la vez. Por lo tanto, si estamos mirando una película y recibimos un mensaje por whatsapp y nos detenemos a leerlo, dejaremos de prestar atención a la película para pasar a prestar atención al mensaje. Esto nos ocurre a todos, y en todos los contextos. Y a los chicos también. Si están en clase o estudiando en casa e interrumpen la tarea para mirar algún mensaje en alguna red social, cuántos likes tuvo su foto en Instagram, o qué imagen subieron sus amigos, no solo perderán valioso tiempo, sino que también perderán la atención sobre la tarea que estaban

realizando. El paso de una tarea a otra es ineficaz y disminuye el tiempo libre. Si a un estudiante le quitamos la tecnología mientras está estudiando, como resultado disminuirá el estrés y aumentará el tiempo libre. Por otro lado, no podrá recordar aquello en lo que no prestó atención. Con lo cual es muy probable que el resultado que obtenga no sea el mejor.

El cineasta Werner Herzog realizó un documental llamado, *From One Second to the Next (De un segundo al siguiente)*. Su objetivo principal era mostrar a la gente los peligros del uso del celular mientras se conduce un auto. Como el cerebro no es *multitasking*, si estamos manejando y nos desenfocamos para contestar un mensaje, nos ponemos en peligro. Como el título lo indica, la vida de una persona puede cambiar de un segundo a otro, si habla o manda un mensaje mientras está conduciendo, ya que una distracción puede ocasionar un accidente. Esto nos demuestra, una vez más, lo importante que es conectarnos y enfocarnos con cada una de las actividades que estamos realizando y no dejarnos seducir por las infinitas invitaciones que nos suelen ofrecer las pantallas.

Otro aspecto relevante para analizar es la relación que se establece entre nuestra creatividad y las pantallas. En los tiempos actuales rellenamos con pantallas los momentos libres, de ocio o de aburrimiento. Sin importar qué tipo de contenido está por verse, si alguien tiene un segundo libre el impulso es buscar algo en el celular. Recordemos entonces tres premisas muy claras al respecto:

- El cerebro necesita tiempo de inactividad.
- El ocio permite que el cerebro se relaje.
- El aburrimiento y el ocio son los disparadores de la creatividad.

Por lo tanto, *¿qué sucede si llenamos cada instante de aburrimiento con contenido vacío?*

La respuesta es: obturamos nuestra creatividad.

Efectos físicos del uso excesivo de las pantallas

A continuación, enumero una lista concreta de los efectos que el uso excesivo de las pantallas ocasiona en nuestros cuerpos.

- Problemas de sueño.
- Cansancio o somnolencia durante el día.
- Dolor de espalda.
- Dolor musculoesquelético.
- Dolor de cabeza.
- Cervicalgia
- Problemas en la vista.
- Exceso o falta de alimentación o mala calidad de los alimentos consumidos.
- Exposición a la pornografía que no muestra sexo seguro.
- Traumatismo por caminar o conducir de forma distraída.
- Lesiones del pulgar por movimientos repetitivos.
- Perdidas de audición por el uso de auriculares.
- Hipercolesterolemia
- Hipertensión
- Accidentes por selfies.
- Obesidad
- Sedentarismo

Una situación creciente de los últimos tiempos es encontrarnos con jóvenes que, por estar tan pendientes de la tecnología, pierden noción del cuidado personal, por ejemplo, para no perder tiempo, no se bañan o descuidan su aspecto general. Esta realidad nos plantea otro de los grandes problemas de este tiempo: tanto los niños, los jóvenes como los adultos, suelen pasar muchas horas frente a las pantallas. Y si bien, en muchos casos se trata de un uso excesivo, en otros hablamos de un problema aún más complicado: la adicción.

Adicción a Internet

Como mencionamos, la presencia continua y constante de las pantallas y la web en la vida social desencadena, en muchos casos, conductas excesivas que llevan a los usuarios a permanecer muy pendientes de su celular o a interrumpir las actividades que estén realizando. Estas situaciones pueden acarrear discusiones con familiares, profesores o amigos, pero no les provoca mayores problemas en el funcionamiento de sus vidas. También existe otra porción de usuarios, en su mayoría jóvenes que, a causa de sus actividades con las pantallas, comienzan a vivir discusiones familiares más frecuentes y/o problemas en alguna otra área de sus vidas, por ejemplo, algún tipo de dificultad en el colegio o el trabajo. Pero, a pesar de estos problemas, pueden mantener calificaciones aceptables en el colegio, no perder o poner en peligro su puesto laboral, y cultivar algún *hobbie*, pasatiempo o actividad deportiva. Sin embargo, existe también un tercer grupo, formado por las personas que han desarrollado una adicción a las pantallas. Si bien oficialmente todavía este trastorno no figura dentro de las categorías diagnosticadas como una adicción, existe consenso dentro de la comunidad científica y social de que este es un grave problema que comparte características similares a las de otros procesos adictivos.

Las siguientes son conductas o situaciones que deberían encendernos una luz roja de atención señalando la posibilidad de estar ante una adicción:

* Incapacidad para manejar el comportamiento compulsivo.
* La compulsión interfiere en otras áreas de la vida, pero no se la puede evitar.
* Discusiones familiares ocasionadas por las conductas frente a las pantallas.
* Problemas en el colegio o el trabajo a causa de las conductas frente a las pantallas.

- Abandono de otras actividades sin pantalla que antes se disfrutaban.
- Alejamiento de los amigos con los que antes se compartían salidas o actividades fuera de las pantallas.
- Aislamiento

Cabe destacar que, más allá del tiempo que una persona le dedica a la actividad con las pantallas, lo más preocupante surge cuando no se puede controlar el comportamiento. Si esta conducta está repercutiendo en su vida, le está generando problemas y aun así no se puede evitar realizarlo, podemos pensar que estamos frente a una adicción.

En el fondo de la adicción a las pantallas o a internet se sitúa la dependencia a un comportamiento, ya que no hay sustancias de por medio, como en otro tipo de adicciones. Sin embargo, las características de esta adicción son similares a las de otros procesos adictivos. Los adictos pierden el control de sus impulsos y la vida se les vuelve inmanejable ya que, a pesar de padecer estos problemas, no pueden modificar las conductas que los generan. Esto hace que las pantallas se conviertan en su principal relación. Las personas adictas a internet suelen conectarse para encontrar una distracción temporal y para llenar algún vacío emocional. La virtualidad les ofrece el espacio para un escape psicológico frente a algún problema que no pueden controlar. La insatisfacción también puede desencadenar la adicción, ya que la pantalla es la puerta de entrada a una sensación de gratificación que de otra manera no experimentarían. Además, como en toda adicción, la "sustancia" que se obtiene por intermedio de la pantalla pasa a ser el objeto de consumo. Algunos síntomas adicionales son:

- Pérdida de control frente al uso de las pantallas: se permanece más tiempo conectado y con mayor frecuencia.
- Cambios de humor que dependen de la posibilidad o imposibilidad de conectarse y del resultado de la actividad online.

- Fenómeno de tolerancia: se necesita estar cada vez más tiempo conectado para obtener los mismos resultados que al principio.
- Síndrome de abstinencia: surge cuando, por alguna razón, no se puede hacer uso de las pantallas. La persona experimenta un intenso malestar, enojo, irritabilidad, ansiedad o angustia. Este malestar solo desaparece cuando se puede volver a conectar.
- Deseo de desconectarse, pero imposibilidad de hacerlo por los propios medios.
- Cada aspecto de la vida queda subordinado a la adicción, incluso la salud, lo académico o el trabajo.
- Aparecen sentimientos de euforia cuando se está conectado.
- Suelen ocultar o mentir acerca del tiempo que permanecen conectados.

Una pregunta inevitable, frente al trastorno de la adicción, es cuánto tiempo es mucho en relación al uso de las pantallas. Si bien es indudable que pasar muchas horas conectado no es saludable, cabe recordar que no solo tomamos en cuenta la cantidad de tiempo, sino el momento o cuándo lo hacemos. El mundo de las pantallas es muy amplio, y cuando hablamos de la adicción nos encontramos con distintas clases. En las páginas que siguen repasaremos algunas de las mismas. Existen adicciones que existieron siempre, como adicción a los juegos, a las apuestas, a la pornografía, a las compras. Este tipo de adicciones que son previas a internet encontraron en la era digital mayor accesibilidad, comodidad, disponibilidad y difusión, ya que no es necesario moverse de la silla para poder realizarlas. Pero también hay nuevas adicciones, propias de la era digital, como la adicción a las redes sociales, las páginas de citas, las relaciones virtuales, el chequeo de información, de mails, del celular, etc.

Adicción al celular

También conocida como nomofobia, o el miedo irracional a salir sin el celular. El término proviene de la expresión en inglés abreviada: *no mobile phone phobia*.

El uso del celular tiene gran número de ventajas, pero muchos usuarios se están convirtiendo en celular-dependientes cuando no pueden estar un minuto sin su teléfono. Hoy en día se envían millones de mensajes en el mundo entero, en cualquier lugar, se pueden escuchar las notificaciones de los mensajes que llegan o de los celulares sonando. El celular se convirtió en algo fundamental en la vida de una persona. De la misma forma que se producen otros tipos de adicciones, el uso del celular se convierte en una adicción cuando pasa a ser una conducta compulsiva que produce satisfacción. Se trata de un impulso no controlable de usar el celular que está afectando fundamentalmente a jóvenes y adolescentes.

El problema gira en torno a la conducta incontrolable y exagerada que hace que se dejen de realizar otras actividades, como leer, practicar algún deporte, o conversar cara a cara con un amigo o familiar. Hay personas que utilizan el celular de manera adecuada, pero hay otras que están todo el tiempo "controlando el aparatito", esperando cualquier señal del teléfono, y mirando permanentemente de manera compulsiva e incontrolada, independientemente de la actividad que estén realizando. Si no pueden usar su celular se sienten nerviosas, ansiosas, angustiadas e irritables, y todo esto desaparece solo cuando pueden volver a usarlo.

Hoy en día es habitual cruzarnos en la calle con grupos de adolescentes en los que cada uno va hablando por su propio celular, twitteando, o mandando mensajes, y escribiendo a una velocidad que despierta admiración. La misma escena podemos verla en un café o bar, donde las mesas, pobladas por varios chicos o chicas, los muestra a cada uno abstraído en el mundo virtual que se esconde detrás de su pantalla móvil.

Muchos jóvenes dedican gran parte de su tiempo libre a su celular, enviando mensajes de texto, jugando video-juegos, escuchando música, comunicándose, muchas veces con desconocidos, tomando y tomándose fotos y videos que después suben a sus redes. El celular está en sus manos a toda hora, de día y de noche, y en todos los contextos, ya sea en el colegio, el cine, la calle, la casa, el colectivo, o mientras comparten tiempo con sus amigos. No se pueden separar del celular y creen que sin este aparato no podrían tener amigos. Incluso sucede que algunos se creen más importantes según el celular que tienen, usándolo entonces como un símbolo de estatus. En el fondo, detrás de este uso excesivo, se ocultan problemas de autoestima o inseguridad, dificultad para relacionarse con las demás personas y aislamiento.

Veamos ahora algunas consecuencias posibles de esta adicción:

- Aislamiento y soledad.
- Alteraciones en el estado de ánimo.
- Problemas de comunicación.
- Problemas en el lenguaje, ya que lo importante no es escribir bien sino rápido.
- Peligro de contactarse con desconocidos, que puede desencadenar situaciones de riesgo.
- Aumento de la sensibilidad en relación al juicio y valoración de los demás, lo que incrementa la inseguridad.
- Agresividad
- Menor rendimiento escolar o laboral. Se pueden pasar horas chateando en lugar de estudiar, hacer otras actividades o relacionarse cara a cara con sus pares o familia.
- Disminución y pérdida de la atención en la conversación y en la posibilidad de enfocar en una tarea, lo que acarrea consecuencias en los vínculos.

Los siguientes son los signos a los que debemos prestar especial atención pues hablan de una posible adicción al celular:

- Cambio de actitud: cuándo habla por celular se siente de una manera diferente que cuando lo hace cara a cara, por ejemplo, no se siente tan tímido.
- Está siempre con el celular, no lo deja por nada, lo lleva al baño, cuando está comiendo, cuando sale, etc.
- Está todo el tiempo pendiente del celular, chequeando si llegaron mensajes, o mandando mensajes, a pesar de estar con amigos y/o familiares.
- Cambio de hábitos en el sueño: cuando se despierta a la noche, o ni bien se levanta a la mañana, chequea el celular. Se queda hasta muy tarde, perdiendo horas de sueño, chateando por el celular.
- Nerviosismo si el celular no está disponible.

Síndrome de la vibración fantasma

En los últimos tiempos se ha instalado un nuevo trastorno denominado síndrome de la vibración fantasma. Se trata de un fenómeno cada vez más común que consiste en la sensación de que el celular está vibrando, pero cuando se chequea el mismo, no hay llamada, notificación, ni mensaje nuevo. Este síndrome sucede especialmente en personas ansiosas que no pueden esperar a obtener respuestas a sus mensajes. También son muy propensos a padecer este síndrome los que utilizan el teléfono para su trabajo y están constantemente atentos al celular.

Esta reacción también se relaciona con la situación en la que la persona se encuentra, ya que, si está esperando una respuesta, el cerebro estará más propenso a mandar estos estímulos. Así, cuanto más dependiente del celular esté la persona, más probabilidades de que los receptores de la piel interpreten cualquier vibración cercana como una frecuencia emitida por el teléfono. Los receptores de la piel que registran vibraciones fantasmas son dos y están dedicados separadamente a frecuencias bajas y altas. La vibración del celular cae justamente en el medio (30 a 180 Hz), por lo que ambos receptores serían capaces de captarlo. Cuanto más ansiosa es la persona, más probabilidad de padecer este síndrome tiene.

"¿Cuántas horas por día está al alcance de tu mano el teléfono celular?"

La pregunta, destinada a 2500 adolescentes argentinos, se formuló en una encuesta online y la realizó la compañía Motorola en marzo de 2018 bajo el nombre *Quiz Phone Life Balance*.

Las respuestas de los chicos, cuyas edades iban de los 10 a los 19 años, fueron esclarecedoras y reflejaron la importancia que este dispositivo desempeña en sus vidas:

- 5 de cada 10 lo tienen al alcance de su mano 12 horas por día.
- El 50 % tiene el móvil en su mano la mitad del día.

Phubbing o Ningunfoneo

Phubbing es la acción de ignorar la presencia del otro para prestar atención al celular. Se trata de un término inglés formado por el acrónimo de *phone* (teléfono) y *snubbing* (menospreciar), que en otras palabras se traduce como despreciar a alguien por el uso del celular; por eso en español algunos lo llaman Ningunfoneo. Hace referencia al comportamiento social indiferente frente a la persona que nos acompaña para dedicarnos al uso del celular. Esto muestra una elección, un claro avance de la tecnología por sobre el contacto cara a cara, persona a persona. Es común sufrir *phubbing* durante una comida familiar, un encuentro con amigos o durante una reunión de trabajo. Actualmente se trata de una práctica masiva y generalizada, que puede observarse en lugares públicos o privados.

El *phubbing* incluye el uso de tablets, computadoras portátiles o cualquier otro dispositivo que se emplee mientras que una persona se encuentra en compañía de otra a la que se le resta atención por estar conectado. Este fenómeno ha crecido considerablemente a partir del incremento del uso de los teléfonos inteligentes (más del 80 % de los adolescentes tienen preferencia por el contacto virtual antes que por el cara a cara) y viene generando frecuentes conflictos familiares y sociales.

Esta nueva forma de relacionarse a través de la tecnología móvil, crea hábitos en las personas como subir fotos constantemente de cada momento, del menú que están disfrutando, del lugar físico en que se encuentran y la actividad que están desarrollando, quitando atención especial a quienes lo acompañan en ese momento.

Adicciones al póquer y las apuestas online

Los casinos por internet han crecido considerablemente en los últimos años y atraen a una cantidad enorme de jugadores compulsivos en todo el mundo. Los adictos al juego existen desde hace mucho tiempo, pero ahora tienen mejor acceso y más oportunidades de jugar gracias a internet.

La globalidad de internet, sumado a la falta de regulación que los gobiernos ejercen sobre el juego de apuestas online, conlleva consecuencias sociales. Para jugar y apostar solo se necesita una computadora e internet. Tan solo con ambos elementos se tendrá acceso a miles de casinos online que permanecen abiertos las veinticuatro horas del día durante los siete días de la semana. Estos casinos simulan la experiencia seductora y realista de los casinos tradicionales que atraen a millones de nuevos jugadores año tras año.

El juego por internet crea una nueva preocupación ya que el anonimato y la privacidad de hacerlo desde la casa, lo vuelve más atractivo y muy accesible para los chicos, adolescentes y adultos. Personas que no viven cerca de un casino o que son muy jóvenes para que les permitan ingresar, pueden jugar muy fácilmente por internet. Además, al tenerlos a tan solo a un click, muchos adictos, que están intentando superar su adicción al juego, ven complicada su recuperación.

A continuación, detallo algunos cambios en el comportamiento que indican la posibilidad de adicción al juego compulsivo por Internet:

- Mayor excitación al conectarse para encontrar nuevos juegos online.
- Cambiar los horarios del día para disponer de más tiempo para jugar por internet.
- "Golpe de suerte", es decir, sentir que ocurrirá un cambio en el juego que dará buena suerte, lo que conduce a apostar más dinero.
- Cada vez se apuesta más dinero y con mayor frecuencia.
- Euforia cuando se gana y minimización de las pérdidas.
- Juego compulsivo ante una crisis o frente a una situación estresante.
- Alteraciones en la personalidad y en la rutina.
- Ausencia al trabajo, al colegio o suspensión de otras responsabilidades.
- Se mantiene en secreto o se miente acerca de cuáles son las actividades que se realizan con la computadora.
- Cambios de ánimo muy marcados; alegría extrema cuando se gana y angustia cuando se pierde.
- Pérdida de los propios valores: esconder dinero, pedir préstamos a escondidas, retirar dinero sin explicaciones de las cuentas familiares y, en algunas situaciones, robar dinero de amigos, familiares o del trabajo, para apostar más con la ilusa idea de recuperar lo perdido o pagar las deudas de juego.

Sobreponerse a la adicción al juego compulsivo resulta una tarea muy difícil. Sin duda, el primer paso es aceptarlo y luego pedir ayuda a la familia para buscar el tratamiento adecuado, tal como lo muestra el caso de Alejandro que relato a continuación.

El caso de Alejandro

Alejandro es un abogado de 35 años. Empezó a jugar al póquer por internet cuando todavía cursaba en la facultad. Lo hacía solo ocasionalmente y para divertirse. Pero cuando se recibió y se incorporó a un destacado estudio de abogados, su juego empezó a ser cada vez más frecuente. Esto coincidió con su casamiento y con la creciente presión y responsabilidad laboral.

El embarazo seguido del nacimiento de su primer hijo, sumado al aumento del stress laboral, despertaron en él la necesidad de distraerse. Por eso, cuando llegaba a su casa, mientras su esposa se ocupaba del bebé, jugaba al póquer por internet para relajarse. De esta manera, se fue diluyendo el dinero que tenía ahorrado apuesta tras apuesta. Más tarde, se vio obligado a pedir préstamos y a mentirle a su mujer para ocultarlo. Su conducta se fue volviendo cada vez más dependiente, tanto que al llegar a casa solo le interesaba ir a la computadora. Su mujer empezó a notarlo raro, escurridizo, y sospechó que tenía una amante. Intentó hablar con él, preguntarle qué le pasaba, pero siempre desmentía todo. Solo le decía que estaba cansado, y que necesitaba un rato con la computadora para distraerse. No quería blanquear lo que sucedía con su mujer, pensaba que iba a poder manejarlo, que jugaría un poco más, recuperaría lo perdido y luego abandonaría todo.

Trató de dejar de jugar varias veces, pero internet estaba siempre ahí, lista, y dándole la falsa expectativa de que esta vez sí ganaría y podría cancelar todas sus deudas y no tener que volver a jugar. Cada vez que se desconectaba y apagaba la computadora, se prometía que sería la última partida. Pero luego se volvía a tentar y todo el proceso comenzaba nuevamente. Los problemas de pareja aumentaron, y también sus problemas financieros hasta que un día su mujer dijo basta y él se sintió devastado. Se dio cuenta de que no podía resolver solo la situación y recurrió a la consulta.

Adicciones a los juegos en red y a los videojuegos

Para los padres los videojuegos y los juegos online suelen tener el aspecto de una actividad sana y recreativa. Esto se mantiene hasta que comienzan a notar que sus hijos pasan gran cantidad de horas sentados frente a la computadora o con las consolas. Observan, preocupados, que sus calificaciones escolares bajan y que dejan de hacer otras actividades, como practicar un deporte, tocar algún instrumento, o reunirse con sus amigos para hacer otra cosa que no sea jugar con la computadora u otra consola de videojuegos.

Lo cierto es que cuanto más chicos empiezan a usar los videojuegos e internet, más difícil se vuelve luego que puedan sentirse atraídos por otro tipo de actividades sociales, y estos juegos se convierten en sus únicos intereses. Incluso, muchas veces acaparan de tal manera el día a día de los niños (y de los adultos) que dejan de bañarse, de dormir, de comer y de salir de sus habitaciones. Los padres quieren establecer límites, pero los jugadores se irritan ante estos intentos con nerviosismo y enojo.

Es importante destacar que el juego compulsivo, la adicción a los videojuegos y a los juegos online es progresiva. El primer paso es aceptar y no negar el problema ya que el primer mecanismo de defensa de los adictos a los videojuegos es no aceptar lo que les sucede, creyendo que pueden dejar de jugar cuando quieran. En general, los jugadores tienen otros problemas de base que son parte de las razones que los llevaron a jugar, pero además ahora también tienen problemas generados por el juego compulsivo.

El uso de los juegos online ha crecido mucho en los últimos años. Se trata de juegos de rol e interactivos, en los que los jugadores suelen crear un personaje, e interactuar con otros jugadores a través de este personaje virtual. En ellos se desarrolla una interacción social que no suele darse en la vida real. A veces se compenetran tanto con el personaje creado, que esto llega a suplantar otras necesidades de la vida real.

Signos de advertencia de una posible adicción a videojuegos o juegos online

- Jugar todos los días más de cuatro horas diarias.
- Mostrar irritabilidad si no se puede jugar.
- Dejar de hacer otras actividades sociales para quedarse jugando.
- Mentir acerca del tiempo que se juega.
- Desobedecer los límites de tiempo que se han establecido.
- Perder interés en otras actividades.
- Retracción social de familiares y amigos.
- Jugar para escapar de otros problemas.
- Seguir jugando a pesar de las consecuencias negativas que se vivencian.

El caso de Juan Pablo

Juan Pablo tiene 18 años y abandonó el colegio hace un año. Sus padres llegan a la consulta porque no saben qué más hacer. Los últimos años han sido muy difíciles. Al joven no le va bien en el colegio y le cuesta mucho estudiar. Lo intenta, pero después de un rato los juegos online le atraen más. Rindiendo exámenes no le va bien, sin embargo, jugando, cada vez le va mejor. No tiene mucha relación con sus amigos del colegio, aunque con los de fútbol tiene más afinidad. Juan empieza a faltar al colegio y cada vez le dedica más horas al juego. Ya no le es suficiente con las horas que juega, necesita aumentarlas.

Para eso decide abandonar fútbol. Cuando termina cuarto año, decide que no rendirá las materias y que ya no tiene más ganas de seguir yendo ni de sentirse frustrado frente a los exámenes y a sus amigos. Le resulta más sencillo quedarse en casa jugando y progresando con su avatar. Cree que puede entrenarse en su juego cada vez más y luego asistir a algún mundial. Piensa que de esta manera podrá triunfar en la vida y ganar dinero.

Lo único que lo entusiasma, que le genera euforia, es conectarse y soñar con cómo triunfaría en su vida con este juego. Está seguro de que podría abrir un blog para escribir trucos y hacerse famoso, como los blogs que él visita cotidianamente. Los padres han intentado varias veces ponerle límites, exigiéndole que estudie, que vaya al colegio, que retome fútbol, que no se quede hasta tan tarde jugando, que venga a comer con la familia al comedor, que se bañe. Pero todos sus intentos han sido fallidos. Juan se niega, discute, se enoja mucho y grita. Y hasta llega a violentarse tanto con la madre como con el padre.

Luego de casi un año sin ir al colegio, de haber dejado fútbol y de casi no salir de su habitación, los padres deciden consultar.

Adicciones a la pornografía y al cibersexo (relaciones por internet)

Ya hablamos de los riesgos que la pornografía online conlleva para los niños y los jóvenes. Además de los peligros mencionados, existe lo que denominamos la adicción a la pornografía. Esto puede suceder tanto en adolescentes, jóvenes como adultos. La abundancia de material sexual explícito disponible en internet ha originado esta nueva forma de adicción. Antes era más difícil acceder a este material explícito, pero ahora, con un simple click, se accede, desde el anonimato y la privacidad a cualquier tipo de imagen. Se busque o no, muchas veces las imágenes pornográficas llegan por spam, aunque no se esté buscando este tipo de información. Adultos, chicos y adolescentes, en suma, cualquiera que use internet, acciden-talmente puede encontrar millones de imágenes pornográficas.

Además de la pornografía online, existen foros, o páginas de chateo de sexo explícito. Este tipo de páginas permite a la gente que experimente todo tipo de fantasías sexuales. En este chateo se crean un personaje, y los usuarios dialogan acerca de sus fantasías sexuales. Comparten sus deseos y necesidades se-xuales y comienzan a gratificarse sexualmente por este medio. Cada vez dedican más tiempo a esta actividad y comienzan a sentirse más cómodos, lo que origina cambios en su conducta y en su vida.

Signos de advertencia de una posible adicción a la pornografía online o cibersexo

- La persona empieza a pasar mucho tiempo en el chat y envía mensajes privados con el objetivo de encontrar sexo por internet.
- Se emplea internet para encontrar un compañero sexual con quien mantener una relación online.
- El usuario se comunica anónimamente para involucrarse en fantasías sexuales que, en general, no llevaría a cabo en la vida real.
- Se piensa en la próxima sesión online, con la expectativa de encontrar satisfacción sexual.
- Frecuentemente se pasa del cibersexo a las comunicacio-nes telefónicas sexuales o, muchas veces, a los encuentros.
- No se cuenta a los allegados acerca de las actividades sexua-les por internet.
- Sensación de culpa o vergüenza por el uso que se le da a internet.
- La persona se masturba al chatear.
- Se le resta atención al compañero sexual real, porque encuen-tra en sus relaciones por internet su manera primordial para satisfacerse.

- La pornografía o las relaciones por internet son un medio de distracción y evasión de los problemas, malestares y de emociones como la ansiedad o depresión.

¿Cuáles son las consecuencias de la adicción a la pornografia o cibersexo?

- Aislamiento social
- Problemas familiares
- Conflictos de pareja
- Dificultades en las relaciones sociales
- Divorcio
- Deudas
- Problemas en el trabajo
- Pérdida de trabajo
- Vergüenza
- Baja autoestima
- Dificultad para encontrar maneras más saludables de manejar los problemas y las emociones.
- Trastornos de sueño, por tratarse de una actividad que suele realizarse en horarios nocturnos.
- El descanso inadecuado y la dependencia ocasionan problemas de atención y concentración.
- Pérdida de tiempo y de actividades cotidianas para pasar tiempo conectado.
- Muchas veces la compulsión se puede transferir a conductas compulsivas sexuales fuera de internet.

El peligro de la pornografía online en la infancia

La pornografía online es la industria más grande de internet. Es muy abundante e intrusiva, dado que palabras claves e inocentes pueden abrir ventanas y sitios a material pornográfico. La industria utiliza tácticas de marketing agresivas para alcanzar a usuarios de internet distraídos. Por esto es altamente posible que los niños y adolescentes accedan a material sexual explícito que no están preparados para ver. Por otro lado, los niños además tienen acceso a las redes sociales en las que se encuentran con personas con las que dialogan e intercambian ideas. En algunos de estos sitios se pueden encontrar con sujetos que le hablen de sexo explícito o cruzarse con pedófilos que esconden su verdadera identidad y terminan generando encuentros reales, que los ponen en verdadero peligro.

El caso clínico de Juan

Juan es contador, tiene 45 años y estuvo casado durante diecisiete años. Nunca había mirado demasiada pornografía, solo algunas veces cuando era joven, o alguna película con su mujer. Una noche se queda trabajando hasta tarde con su computadora y, sin querer, cae en una página de adultos. Rápidamente se siente curioso y atraído. Por esto, cada vez que se siente estresado con el trabajo, se relaja mirando un sitio pornográfico. A partir de este cambio, empieza a perder reuniones, a dejar trabajos importantes, olvida los vencimientos de sus facturas y se queda después de hora en la oficina. Cada minuto libre que tiene lo dedica a mirar las páginas porno. Trata de detenerse. Se promete a sí mismo no hacerlo más. Consigue abandonarlo durante un tiempo, pero luego recae. Esto continúa hasta que su socio descubre su hábito. A causa de esto, pierde gran parte de sus clientes, su matrimonio y todo lo que es importante para él. Cuando su círculo de gente se entera de la razón por la que la mujer lo ha dejado, se siente avergonzado. Esto lo arroja a una intensa depresión. Acude al tratamiento y con esfuerzo consigue darse cuenta de qué es lo que lo ha llevado a depender de esta manera.

Algunas consideraciones sobre las relaciones virtuales

Las relaciones virtuales son relaciones románticas y/o sexuales que se iniciaron por internet y que se mantienen predominantemente por conversaciones electrónicas online. Aquello que empezó como un simple intercambio de mails o un chateo puede escalar hasta convertirse en una apasionada relación virtual que incluso puede llevar a encuentros sexuales cara a cara.

Muchas personas sienten menos inhibición con el contacto online. Sienten que logran abrirse más para trasmitir sus emociones y ser más honestos. Perciben que la intimidad online, que tanto tiempo lleva construir en el plano real, es más rápida y tan solo implica unos días o semanas. Una vez que empiezan a usar la relación por internet para satisfacer sus necesidades, pasan a tener un diálogo erótico conocido como sexo virtual o cibersexo que involucra a dos personas que comparten sus fantasías sexuales. En general, este diálogo es acompañado por masturbación. La persistencia en estos hábitos puede derivar en un empleo compulsivo de internet.

Sucede también que algunas relaciones progresan mediante comunicaciones secretas por teléfono, por carta o cara a cara. Otros prefieren la distancia y el anonimato ofrecido por internet, y mantienen la relación en el plano virtual. Si el cibersexo ocurre en personas que mantienen relaciones estables en la vida real, la búsqueda de la satisfacción sexual por fuera de la pareja seguramente ocasionará problemas, eventual separación y riesgo de divorcio.

Consecuencias en la pareja del sexo virtual o de las relaciones por internet

- La pareja se siente lastimada, abandonada, avergonzada, sola, devastada, humillada, celosa, enojada y con baja autoestima.
- Dolor por tratarse de un tipo de infidelidad.
- La pareja considera que es igual de adúltero que si hubiese estado cara a cara con el o la amante.
- Pérdida de confianza en la pareja, que costará mucho restablecer.

Signos que advierten que la pareja puede tener una relación por internet o sexo virtual

- Aumento en el pedido de privacidad cuando se está usando la computadora.
- Pérdida de interés en el sexo.
- Aumento del tiempo que se está frente a la pantalla.
- Reducción del tiempo que se destina a la pareja para pasar más tiempo conectado a internet.
- Nerviosismo si la pareja se acerca cuando se está chateando.

El caso de Pedro

Pedro tiene 35 años. Siempre le costó mucho manejar su ansiedad y el stress producido por las diferentes situaciones de su vida. Hace años ha encontrado en la pornografía y en las páginas de relaciones virtuales una manera de descargar sus tensiones. Además de pasar muchas horas mirando pornografía a escondidas, también lo hace chateando con diferentes personas en las páginas de relaciones virtuales. Para conseguir más relaciones, crea perfiles falsos y, desde cada perfil, entabla relaciones con diferentes tipos de personas. Esto le resulta muy atractivo. Pasar muchas horas conectado lo distrae de sus preocupaciones y lo ayuda a llenar un vacío; sin embargo, le genera otro tipo de problemas. Cada vez necesita estar más tiempo con la actividad y se duerme muy tarde. No logra concentrarse para sus tareas. Reemplaza los pendientes que tiene en su casa, los arreglos que está haciendo, por estar conectado. A esto se agrega un crítico conflicto matrimonial. Su esposa empieza a desconfiar, observa algunas conductas que la preocupan y sospecha que su marido tiene una amante. Pedro se desespera, se da cuenta de que así no puede seguir y decide consultar a un profesional.

Adicción a las redes sociales

Como vimos en el capítulo anterior, son muchas las redes sociales vigentes en la actualidad. Según el país y la edad predominan más unas que otras. Pero, más o menos, todas generan algo parecido. Son muy atractivas y logran relacionar a las personas entre sí. Permiten conectar a la gente que tiene intereses comunes, compartir información, incluirse en algún grupo, concretar encuentros e intercambiar fotos.

Una de las mayores atracciones de las redes sociales es el anonimato. Los usuarios se sienten menos intimidados y más confidentes para interactuar con sus amigos virtuales. Esto es un alivio para la gente tímida e introvertida. El anonimato permite crear una falsa identidad, una personalidad diferente de lo que la persona es en la realidad. Se puede cambiar el nombre, la edad, el sexo, la ocupación, el lugar donde se vive, la apariencia física. Detrás de la pantalla esa persona se puede manejar de una manera completamente diferente de como lo hace en la vida real. No hay manera de verificar que lo que diga o muestre sea cierto. El anonimato también permite experimentar fantasías sexuales. Pero este mundo de fantasía se puede transformar en un hábito.

Si bien hay mucha gente que crea una falsa identidad y desde allí se relaciona con otras personas, esto no es lo más habitual. Lo que suele ser más habitual es elegir aquellas cosas que subirá a su red social. Selecciona la información y las fotos agradables sobre su vida. Por lo tanto, el perfil que se muestra solo es un recorte de lo que uno quiere dejar ver de sí mismo.

Muchos niños, adolescentes, jóvenes y adultos están muy pendientes de lo que publican sus conocidos. Viven muy conectados a las redes sociales y a lo que los demás postean. Esto los desconecta de sí mismos. Se pasan horas mirando la vida ajena, imaginándola y comparándola con su propia vida, lo que despierta muchas veces sentimientos de infelicidad por sentir que la propia vida no es tan linda como la de los demás. También puede originar sentimientos de ansiedad y depresión. En suma, una valoración negativa de la propia vida.

Esta idealización de la vida ajena suele motivar el deseo de querer mostrar a los demás lo maravillosa que es la propia vida, iniciando así una búsqueda inalcanzable de aprobación a través de los likes. Incluso, se produce material exclusivamente para conseguir mayor número de likes. Así, en cualquier situación cotidiana, en lugar de estar conectado con el momento, el foco está puesto en las fotos que se podrán tomar para compartirlas inmediatamente y obtener muchos likes. Si la valoración personal se basa en la cantidad de likes obtenidos en una red social, el resultado, en caso de que los likes no lleguen según lo esperado, es una gran inseguridad y baja autoestima. Es momento entonces de hablar del FOMO.

¿Qué es el FOMO?

FOMO es la sigla cuyo significado en inglés es *Fear of Missing Out*. Este concepto fue planteado por la psicóloga Sherry Turkle en su libro *Alone Together* para referirse al miedo de quedarse afuera.

¿Cómo se observa esto en el día a día? Veamos esta situación como ejemplo. Estamos haciendo algo, por ejemplo, mirar una película, estudiar o pasando un rato con amigos o nuestra pareja. En un momento recibimos un mensaje. ¿Qué hacemos? ¿Esperamos? ¿Lo dejamos para más tarde? No. Tenemos que verlo. Ante la duda de estar perdiéndonos algo más importante que lo que estamos haciendo, algo más interesante o entretenido, dejamos lo que estamos haciendo, retiramos nuestra atención de allí para dedicarla al mensaje recibido.

Estamos tan conectados por las redes sociales que ya no podemos estar solos. Es tal el miedo a quedar afuera de algo, de perdernos algo, de no ser invitados a la vida divertida y excepcional de los otros que, cuando finalmente decidimos desconectarnos un rato de la pantalla, las redes nos llaman con su notificación y volvemos sobre ellas para chequearlas solo para asegurarnos de que no se nos está pasando nada "importante" de largo.

Esta dependencia de la vida de los demás y esta actitud de no querer perderse nada, desencadena un alto grado de ansiedad. Así, el fenómeno del FOMO no tiene edad, pero prevalece entre los adolescentes, porque en esta etapa de la vida los pares y la pertenencia al grupo es fundamental. Es común que los adolescentes busquen la aceptación de sus pares y en la era digital esta necesidad se magnifica todavía más, ya que se busca estar incluido a toda hora y en todo momento, y para lograrlo hay que estar conectado con una respuesta lista al instante.

¿Quiénes son las personas más vulnerables al FOMO y a la adicción a las redes sociales?

- Personas con baja autoestima.
- Personas que atraviesan situaciones problemáticas, de estrés, familiares, escolares, sociales o de ruptura de relaciones.
- El rango de edad más peligroso ocurre entre los 15 y los 20 años.

Los *influencers*

Para concluir este capítulo haremos una consideración acerca de los influencers, es decir, de aquellas personas que cuentan con mucha credibilidad sobre un tema determinado en un determinado grupo de personas. Estos suelen difundir sus ideas en las redes sociales, principalmente en Instagram y Youtube. Buscan comunicar sus ideas por estos medios intentando generar opiniones y reacciones de sus seguidores, para conseguir cada vez más seguidores. Esto suele generarles una gran presión, que en algunos de ellos origina un elevado grado de estrés y ansiedad. Incluso, si no logran lo que se proponen, muchos llegan a la depresión. Contamos con algunos casos conocidos como el de Celia Fuentes, la instagramera española que se habría suicidado por no haber podido soportar la presión constante de conseguir más seguidores. O el del Rubius, que se retiró de las redes sociales por padecer intensos síntomas de ansiedad.

Convertirse en un referente implica también atravesar la presión de sostener esa imagen para sumar cada vez más seguidores. En muchos casos, conlleva a descuidar otras actividades y relaciones priorizando solo aquellas que son virtuales.

Algunas consideraciones finales

Como hemos venido diciendo, la adicción llena un vacío. Es una forma de buscar una gratificación instantánea. Una vez que se gatilla la conducta compulsiva (jugar, buscar información, entrar a páginas, chequear redes sociales, publicar en las redes, chequear los mails), es muy difícil detenerla. Para el desarrollo de una adicción suelen existir problemas subyacentes como la depresión, la ansiedad, la soledad, la angustia, las dificultades sociales, que la anteceden. Pero, incorporando esta conducta para escapar del problema, lo que se obtiene a cambio es un aumento del problema de base y la creación de un nuevo problema. Es decir que se produce una retroalimentación entre el problema y la adicción.

La conducta adictiva desencadena una experiencia placentera que está mediada por un neurotransmisor llamado dopamina. Cada vez se necesita más tiempo y de estímulos más intensos para obtener el efecto anterior y, si por algún motivo no se puede realizar la actividad, surge el síndrome de abstinencia. Toda adicción repercute en diferentes áreas de la persona, ocasionándole nuevos problemas, y la persona no logra detenerse por sus propios medios.

Los juegos interactivos y los chats online suelen ser más adictivos que los juegos que no son online y que los mails. O sea que aquellas actividades que no exigen una respuesta online inmediata son menos adictivas que las que sí lo requieren. Cabe destacar que los juegos en los que participan varios jugadores online, como los juegos de rol, son altamente adictivos.

En este capítulo hemos repasado todos los riesgos a los que estamos expuestos si hacemos un uso excesivo de las pantallas. Pasemos ahora al capítulo práctico en el que me detendré a ofrecerte recursos, herramientas, estrategias y consejos concretos para comenzar a limitar el uso de internet y la presencia de las pantallas en tu día a día y así encaminarte hacia el equilibrio digital.

Capítulo 4

Cómo lograr el equilibrio digital

Guía práctica

Como ya dijimos, las pantallas forman parte de nuestras vidas, de los niños y de los jóvenes. Estos últimos en tanto nativos digitales muestran una destreza increíble en el manejo de las mismas. Esto genera confusión en los adultos que, al ver cómo las utilizan, creen que también pueden navegar solos sin un cuidado o una guía de cómo deben hacerlo. Vivimos un momento en el que los adultos demostramos cierta dificultad para encontrar el equilibrio para el uso de las pantallas. De hecho, si nos resulta difícil lograrlo con nosotros mismos, mucho más para transmitirlo a los niños y jóvenes. Incluso, a veces intentamos trasmitirles algunos de los riesgos o limitarlos en el tiempo del uso, y luego somos nosotros mismos los que no logramos administrar nuestros propios límites. Entonces caemos en la contradicción de indicar algo que luego no cumplimos. En este aspecto, es importante destacar que para educar es tan importante lo que decimos como lo que hacemos, y que ambas conductas deben intentar estar en la mejor de las coherencias para que logren un efecto en la vida de los menores. En síntesis, la vida de nuestros hijos está modelada por el efecto de nuestras acciones.

En la actualidad se calcula que entre el 9 % y el 18 % de la población es adicta a internet. En muchos casos son las nuevas tecnologías las que vuelven posible determinadas adicciones ya existentes, como al juego, a las compras, a la pornografía, etc. Pero en otros casos las pantallas mismas se convierten en objeto de adicción. Por esto es muy importante que los adultos tengamos un registro claro de cuál es la relación que mantenemos con la tecnología y de cuál es nuestro comportamiento digital.

La idea de este capítulo es que cada lector o lectora pueda obtener un registro de su relación con las pantallas y de la relación que mantiene la gente que los rodea, ya sean adultos, jóvenes y niños. También ofrecer algunas orientaciones que, como profesional especializada en la materia, les permitirán manejar los riesgos que deparan las pantallas para todos. Y, por último, abordaremos qué hacer cuando detectamos algún tipo de peligro.

¿Qué tipo de relación mantienes con las pantallas?

Para empezar, es importante saber dónde estamos parados respecto de las pantallas. Para esto vamos a autoadministrarnos el siguiente cuestionario diseñado por la psicóloga, experta en adicciones a internet y fundadora del Centro de Adicciones a Internet "Bradford Regional Medical Center" (EE.UU.), Kimberly Young.

¿Soy adicto a internet?

Considera el tiempo que pasas en internet de forma recreativa (no académicamente ni laboralmente). Responde usando la siguiente escala:

0 = No aplica	3 = Frecuentemente
1 = Casi nunca	4 = A menudo
2 = Ocasionalmente	5 = Siempre.

Test

¿Con qué frecuencia te quedas en internet más tiempo del que tenías previsto?

¿Desatiendes labores de tu hogar por pasar más tiempo frente a la computadora navegando?

¿Prefieres excitarte con fotos o videos a través de Internet en lugar de intimar con tu pareja?

¿Con qué frecuencia estableces relaciones amistosas con gente que solo conoces a través de Internet?

¿Con qué frecuencia personas de tu entorno se quejan de que pasas demasiado tiempo conectado a internet?

¿Con qué frecuencia tu actividad académica (colegio o facultad) se ve afectada por el tiempo que pasas conectado a internet?

¿Con qué frecuencia chequeas tus mails antes de hacer tus tareas?

¿Con qué frecuencia tu trabajo y/o productividad se ve afectado por internet?

¿Con qué frecuencia te pones a la defensiva o misterioso cuando te preguntan acerca de en qué dedicas tu tiempo en internet?

¿Con qué frecuencia te evades de tus problemas navegando en internet?

¿Con qué frecuencia te encuentras pensando en qué vas a hacer la próxima vez que te conectes a internet?

¿Con qué frecuencia tienes miedo de que tu vida sin internet sea aburrida, triste o vacía?

¿Con qué frecuencia te irritas o enojas si te interrumpen mientras estás usando internet?

¿Con qué frecuencia pierdes horas de sueño por estar en internet?

¿Con qué frecuencia te encuentras pensando en cosas relacionadas con internet cuando no estás conectado?

¿Con qué frecuencia te encuentras pensando "sólo unos minutos más" cuando estás conectado?

¿Con qué frecuencia has intentado disminuir la cantidad de tiempo conectado y no lo has logrado?

¿Con qué frecuencia ocultas el tiempo que pasas en internet?

¿Con qué frecuencia eliges pasar más tiempo en internet que con tus amigos en la vida real?

¿Con qué frecuencia te sientes nervioso, de mal humor, deprimido o aburrido si no estás conectado, y se te pasa cuando te conectas?

Resultados

Puntaje de 0 a 30
He sumado _____ puntos.

Esto indica que no hay adicción. No tienes de qué preocuparte, no tienes signos de problemas con tu vida digital.

Puntaje de 31 a 49
He sumado _____ puntos.

Esto indica que hay signos leves de problemas con la tecnología. Debes estar atento a intentar cambiar la conducta en relación a la tecnología. Si no puedes hacerlo solo, se sugiere consultar un especialista.

Puntaje de 50 a 70
He sumado _____ puntos.

Esto indica que hay problemas moderados con la tecnología. El uso de la tecnología ya afecta actividades de tu vida cotidiana. Se sugiere consultar con un profesional especializado.

Puntaje de 80 a 100
He sumado _____ puntos.

Esto indica que hay problemas severos con la tecnología. El uso de la tecnología está causando alteraciones significativas en tu vida. Está indicada la consulta a un profesional especializado.

El test que acabas de hacer te servirá a ti y a los integrantes de tu familia. Te sugiero que lo hagas y que los invites a realizarlo. De esta manera obtendrán un panorama de cuál es el uso que el grupo familiar le da a la tecnología y si deben ajustar algo en el uso. Se trata de un test que nos permite conocer nuestra situación en torno al uso de las pantallas en general. Sin embargo, hoy en día la llegada de los teléfonos inteligentes ha revolucionado la vida de todos ya que nos proporciona el ingreso al mundo virtual en cualquier momento del día y desde cualquier lugar, sin importar la actividad que estemos realizando. Por esto es importante registrar cuál es nuestra relación con nuestro celular o *smartphone* para determinar si tenemos algún grado de dependencia o adicción con el mismo.

¿Eres adicto al celular?

El siguiente test de adicción al celular es una adaptación del test de Marc Masip tomado de su libro *Desconecta*.

Responde usando la siguiente escala:

Nunca: 1 punto   A veces: 3 puntos   Siempre: 5 puntos

Test

¿Duermes con el celular encendido?

¿Usas el celular mientras estás en clase o en el trabajo?

¿Usas el celular cuando estás conduciendo un vehículo?

¿Lo primero que haces al despertar es mirar el celular?

Si te olvidas el celular en tu casa, ¿vuelves a buscarlo?

¿Tu familia, amigos o pareja te recriminan por no prestarles atención por estar siempre muy pendiente del celular?

¿Consultas el teléfono en lugares o situaciones poco o nada apropiados para su uso, como, por ejemplo, durante una comida con gente, en el baño, en el cine o haciendo deporte?

¿Cuando no llevas el celular sientes cierta inseguridad?

¿Miras de forma repetitiva el celular para ver si te llamaron o te mandaron algún mensaje, aunque no haya sonado?

Cuando vas por la calle, ¿chateas?

¿Tienes contraseñas de valor guardadas en el celular?

¿Te negarías a vivir sin el celular?

¿El uso que haces del celular es motivo de discusiones con tus allegados, familia, amigos o pareja?

¿Pasas mucho tiempo mirando el teléfono, chateando o haciendo llamadas?

¿Sientes que has llegado a aislarte para poder utilizar el celular?

¿Te malhumoras cuando no puedes usar el celular?

¿Le robas horas a otras actividades para dedicárselas al celular?

¿Has tenido problemas en el trabajo, con tus amigos, en el estudio o con tu pareja por hacer mal uso del teléfono?

¿Aun si alguien te pide que dejes el celular has seguido utilizándolo?

Resultados

Una vez que hayas respondido las veinte preguntas, suma los puntos obtenidos y verifica tu resultado final.

Puntaje inferior a 20
He sumado _____ puntos.

Eres una persona para nada dependiente del celular. Lo utilizas como una herramienta. Tu vida no gira alrededor del teléfono.

Puntaje entre 21 y 42
He sumado _____ puntos.

Estás en una zona gris. En parte, dependes del mismo, pero no plenamente. Debes estar atento y recordar que el celular puede ser una herramienta muy útil, si es bien utilizado y con límites. No debes abusar de él ya que te puede atrapar.

Por lo tanto, lleva un registro claro de su uso para no excederte y conservar una buena calidad de vida para que el dispositivo no te invada y ponga en peligro diferentes áreas de tu vida.

Puntaje superior a 42
He sumado _____ puntos.

Tienes un problema de adicción o dependencia al celular. Lo utilizas demasiado. Esto puede traerte consecuencias en tu vida, en tu trabajo, estudio, salud, y con tu entorno social en general.

Es importante que lleves registro del uso que le das y de los problemas que este puede acarrear. Intenta plantearte una dieta saludable para el uso del celular. Si no puedes solo, puedes buscar la ayuda de alguien de tu entorno y, si no funciona, recurre a la ayuda profesional.

Ahora que ya has realizado ambos tests, es importante que analices tus resultados para armar un primer registro de tu relación con las nuevas tecnologías. Observa por ejemplo en qué situaciones se incrementa esta dependencia y qué área de tu vida se ve más afectada.

¿Afecta tu atención y concentración?
¿Peleas con tu pareja por usar mucho tiempo el celular?
¿Te ocasiona problemas en el estudio o en el trabajo?

También en interesante que tengas un registro claro de cómo está compuesto el tiempo que le dedicas al celular. Pregúntate, ¿para qué lo utilizas? ¿Cuáles son las aplicaciones que usas con mayor frecuencia? ¿Cuál es el ranking de las mismas? Para saberlo te propongo ahora que armes tu propio ranking.

Tu ranking de aplicaciones

Toma una hoja y escribe, según tu percepción, cuánto tiempo crees que pasas con tu celular durante el día. Luego, completa el ranking de abajo, señalando su orden de prioridad de uso y la cantidad de horas que le dedicas en el día. Dejaremos algunas líneas libres para que escribas aplicaciones que no estén incluidas en la lista.

	Prioridad	Horas
Instagram		
Twitter		
Whatsapp		
Youtube		
Juegos		
Compras		
Mails		
Facebook		

Es importante que tengas un registro certero del uso que haces del celular. Es muy probable que haya una diferencia entre el uso real que haces del mismo y lo que imaginas o crees. Hay diferentes maneras de registrar el uso real. Una de ellas es que te propongas unos días de prueba de registro en el que anotes cada vez que tomas el celular qué actividades realizas y cuánto tiempo permaneces en la misma.

ACTIVIDAD	TIEMPO (minutos)
Instagram	
Twitter	
Whatsapp	
Youtube	
Juegos	
Compras	
Mails	
Facebook	

La otra opción es que busques alguna aplicación que te ayude a hacer este trabajo y a la vez te avise si el tiempo de uso del celular es mayor del que se sugiere como saludable. Algunos teléfonos ya disponen de alguna aplicación para este fin que muestra el tiempo total en pantalla durante el día e indica cuáles fueron las actividades que realizaste como *Moment* para los y *QualityTime* para Android.

Tener un registro real de cuál es tu relación con las pantallas te permitirá reflexionar acerca del modelo en cuanto "educador" que estás teniendo con tus hijos y otras personas significativas de tu vida. Recuerda que nuestros hijos observan las conductas que tenemos.

¿Qué tipo de ejemplo les estamos dando a nuestros hijos?

Cuando estás jugando con ellos, ¿interrumpes la actividad para chequear los mails, mensajes o redes sociales?

Cuando vas en el auto con ellos, ¿miras el celular, desvías la vista del camino para mirar la pantalla?

Cuando vas en el auto con ellos, ¿cuán a menudo dejas de hablar con ellos para mantener una conversación con alguien por el teléfono?

Cuando estás en una comida, ¿llevas el celular a la mesa?

Cuando estás en una actividad con otra persona, ¿cuán a menudo interrumpes lo que estás haciendo para contestar un mensaje o una llamada?

Cuando tus hijos están con las pantallas, ¿te acercas para ver qué están haciendo, de manera de trasmitirles que es importante tener en cuenta qué hacen, tanto por un tema de seguridad como porque tienes interés en sus actividades?

Si hay algo que te preocupa en su comportamiento online, ¿de qué manera trasmites tu preocupación y le das indicaciones?

¿Tus hijos sienten que pueden mantener un diálogo contigo, de manera de que puedan transmitirte sus preocupaciones si les pasa algo online?

No cabe duda de la utilidad de los teléfonos inteligentes, de cómo nos han facilitado la vida en muchos sentidos. Tampoco de cómo seguirá creciendo y extendiendo su uso en la vida cotidiana de todos. Por eso no nos podemos plantear una abstinencia total de su uso, sino un uso adecuado.

Si todas estas reflexiones y preguntas te llevaron a darte cuenta de que tu uso es excesivo, aquí van algunas sugerencias para que intentes manejarlo, y ponerte ciertos límites.

Aplicaciones que nos ayudan a combatir nuestra dependencia a otras aplicaciones

Forest

"Mantente atento y presente", es lo que nos indica la página web de esta aplicación que incluso nos interpela con la pregunta: "¿Eres tan adicto al móvil que lo miras cada cinco segundos?" y que nos propone una interesante solución para combatir la adicción al celular. Ya que no sabemos cuidar de nosotros mismos al menos que nos preocupemos por otros, en este caso una planta. Primero viene la semilla y en breve, si lo hacemos bien, se convertirá en un árbol. A menos que salgamos de la aplicación con demasiada frecuencia para atender notificaciones de las redes sociales o para comenzar una partida en algún juego que tengamos instalado. En este caso el árbol comenzará a marchitarse. Se trata pues de cumplir con un patrón de control de tiempo personalizado, normalmente de 30 minutos, en los cuales no debemos tocar el móvil, algo que también nos hará más productivos.

Forest nos propone que comencemos a controlar los tiempos de uso del móvil y sobre todo que ese tiempo que dediquemos lo hagamos teniendo conciencia en que lo usamos.

Con este método motivador, que es casi un juego similar a aquellos famosos Tamagochi, el premio final es tener un bosque repleto de árboles que podremos compartir con orgullo con nuestros contactos. Además, según la empresa, cada usuario puede donar las monedas virtuales que va ganando con sus progresos a la ONG *Trees for the Future*, que plantará árboles de verdad.

FaceUp

"La vida es lo que pasa cuando miras la pantalla de tu smartphone", es el eslogan de esta aplicación. Y no puede ser más acertado porque, gracias al test que nos propone, podremos conocer todo lo que nos perdemos por atender más a la pantalla que a la vida real. Y no podemos hacer trampas ya que la FaceUp sabe cuáles son las apps que más usamos y nos lo muestra en una serie de estadísticas. Una vez que la aplicación conoce nuestro nivel de adicción, nos propone una serie de desafíos que nos ayudarán a comenzar a superarla.

También ofrece la posibilidad de jugar al *phone stack*, una actividad que propone amontonar todos los móviles en comidas o cenas con familiares o amigos y donde el primero que utilice el móvil paga.

Los creadores de FaceUp aseguran que su programa está verificado por expertos en conducta del consumidor, ingenieros de software y psicólogos que forman parte del Instituto Psicológico Desconect@, especializado en educar y fomentar la utilización correcta de la tecnología.

Un método casero

Luego de tener detectado cuál es el uso que le das a tu celular y en que inviertes o gastas más tu tiempo, haz la prueba de no usar esa aplicación más que un par de veces en el día. Si no consigues superar la prueba, tendrás que pasar al paso siguiente, que consiste en desinstalar la aplicación durante un tiempo. Esto te permitirá volver a vivir sin esa aplicación.

Sin embargo, también puede ocurrir que, en lugar de vivir conectado a una aplicación, observas que te la pasas conectado al celular todo el día, sin importar para qué lo uses. En este caso es necesario que te plantees una dieta del uso de tu celular y que establezcas pautas. Si ya hiciste la tarea anterior, sabes también cuándo y cuánto lo usas, y habrás comprobado que muchas veces lo haces innecesariamente.

Dieta del uso de celular

- Usa el teléfono en los lugares y momentos en que realmente lo necesitas y dentro de un tiempo y horario determinado.

- Cuando te hayas ido de ese lugar y haya concluido ese momento, dejarás el celular.

A continuación, te comparto una tabla diseñada por Marc Masip en su libro *Desconecta* (Cúpula, 2018) que puede colaborar para que reflexiones sobre los lugares donde usas el celular.

¿Dónde usas el celular?

Completa la tabla y elige dónde usarlo y dónde no.

Decide cuánto tiempo lo usarás y cuál es el tiempo límite que te propones.

Lugar	Sí lo usaré	No lo usaré	Tiempo dedicado	Momento del día
En mi casa				
En mi trabajo				
Haciendo deporte				
Con mi pareja				
Con mis amigos				
Con mi familia				

Es importante que tengas el control del teléfono, y que el teléfono no te controle. Por eso, las pautas para definir lugares, momentos, y tiempos de uso son grandes aliadas para conseguirlo. Seguramente durante los primeros días sientas un alto grado de ansiedad y una sensación de vacío. Esto sucede porque cuando uno tiene un hábito de manera sostenida y luego lo deja, es natural que se lo extrañe. La mente y el cuerpo lo reclaman. Pero, si logras mantenerte firme y no cedes ante la tentación, con el paso de los días ese malestar y sensación de vacío irán disminuyendo. Paralelamente, comenzarán a surgir otras cosas que ocuparán ese tiempo y nuevas maneras de gratificarte. Se trata de un proceso de desintoxicación de pantallas para devolverlas al lugar adecuado a nuestro bienestar.

7 Sugerencias détox

1. No llevar el celular a la mesa.

2. Eliminar las alertas y notificaciones de las aplicaciones, ya sea de citas, Facebook, Instagram, Twitter, mails, etc.

3. Establecer momentos del día en los que no se chequeará el teléfono, por ejemplo, dejarlo en otra parte de la casa durante el almuerzo o la ducha.

4. Dejarlo en silencio cuando:

- *Vas al cine o algún espectáculo, y no chequearlo hasta el final.*

- *Estás en algún encuentro con amigos o familiares.*

- *Te vas a dormir.*

- *Estás en alguna actividad que requiere concentración, como una clase o conferencia, o si estás estudiando o leyendo.*

5. Usa un reloj o despertador. Si utilizas el celular para chequear la hora es muy probable que mires alguna otra cosa, una notificación o mensaje, por ejemplo, que invariablemente interfieren en tu adecuado descanso. Lo mismo, si estás realizando una actividad o tarea en particular: si te detienes a mirar la hora en el teléfono, probablemente te quedes allí para chequear las redes sociales, los mensajes y el whatsapp. Esto desenfocará tu atención y concentración de lo que estabas realizando.

6. No utilices el celular desde una hora antes de irte a dormir.

7. Evita chatear o conectarte a las redes sociales mientras realizas una actividad física, ya que en este tipo de actividades cuerpo y mente deben estar conectados de manera integral.

Es importante que transmitas a tu familia y amigos los registros y las estrategias que propongo para el control del uso de tu teléfono. Es muy posible que al reflexionar y a comprobar el uso real que le das a tu celular, pienses también en el uso que tus hijos le dan.

Pasemos entonces ahora a una pregunta habitual entre los padres: ¿a partir de qué edad le debo dar el celular a mi hijo?

Se trata de una pregunta muy frecuente entre los padres en todo el mundo. La respuesta es que no hay una edad predeterminada.

La realidad es que alrededor de la preadolescencia los chicos lo usan como una herramienta para interactuar socialmente y, en muchos casos, si no manejan la red social que tienen sus amigos, se sienten excluidos.

Veamos algunas cifras:

- Según datos de la organización *Net Children Go Mobile*, en Europa, el 46 % de los niños de entre 9 y 11 años tiene su propio celular.
- En Estados Unidos sucede antes, a los 8 años los niños ya tienen su propio teléfono.
- En América Latina, el 60 % de los niños recibe su primer teléfono móvil a los 12 años.

Los padres deben pensar para qué les darán el celular y qué tipo de aparato. Si los chicos no circulan solos en la calle, no tiene mucho sentido que tengan un celular. Si quieren interactuar en algunas de las redes sociales, lo pueden hacer desde algún dispositivo que haya en la casa, como una PC, Tablet, notebook, o desde el celular de los padres. Esta es una manera de que los padres puedan ver y monitorear qué hacen los niños.

Sin duda, la decisión familiar en torno a la edad en que se le dará el primer celular al joven es muy importante. Para ello, los padres tendrán que tener en cuenta la madurez del chico, las actividades que realiza, y cuál es la necesidad real que tiene. Reflexionar si realmente lo precisa o si tan solo se está cediendo a una presión social.

Estableciendo normas

Lo más importante es establecer reglas claras y sostenerlas.

8 reglas para limitar el uso del teléfono móvil

1. No comer con ningún aparato cerca.

2. Indicarles que apaguen el teléfono una hora antes de irse a dormir.

3. Ser firmes en las normas y dejar claras las consecuencias cada vez que no cumplan con una regla.

4. Decidir las normas antes de darle el teléfono al niño y ponerlas como condición para acceder a darle el teléfono.

5. Los niños deben aceptar las normas antes de concretarlo.

6. Crear un plan que limite el consumo tecnológico de la casa.

7. Limitar el uso nocturno. Muchos chicos se quedan hasta muy tarde con el teléfono y al día siguiente no pueden rendir en sus actividades.

8. Ser adultos ejemplares en el uso limitado de las pantallas.

Como mencionamos en el capítulo anterior, el mundo digital implica muchos peligros. Así como no dejarías a tus hijos transitar solos por la calle sin enseñarles primero cuáles son los recaudos que deben tomar y cómo manejarse frente a diversos tipos de situaciones, tampoco deberías dejarlo circular por las calles digitales sin antes explicarle de qué se trata, los cuidados que deberá tener y las pautas que tendrá que cumplir para poder hacerlo adecuadamente.

Qué hacer ante los peligros digitales

A continuación, listo algunas consideraciones a tener en cuenta. Existen algunos peligros que coinciden y otros que son diferentes.

- Los chicos no deben descargar determinadas aplicaciones ni navegar determinadas páginas.

- Es muy importante que puedas hablar abiertamente con tu hijo, que le puedas explicar los peligros y acordar con él que vas a monitorear lo que él hace con el teléfono. Emplea un tono en el que no se sienta cuestionado ni regañado. Dile que siempre estarás allí para responder cualquier pregunta y dificultad que tenga.

- Si descubres algo o te cuenta algo, modera tus comentarios y la manera de abordar el tema. Tu hijo debe sentirse cómodo y no juzgado. Lo importante es que sienta que hay un canal de comunicación abierto contigo, que pueda confiar y no se sienta criticado, sino cuidado.

- Deja a un lado los prejuicios: no todos los niños son iguales.

- No se trata de prohibir, sino de establecer reglas de uso y educarlos en el uso de la tecnología.

A los niños pequeños hay que ayudarlos para que puedan desarrollar el autocontrol. La manera de hacerlo es que como adultos pautemos límites claros y firmes hasta que ellos logren autocontrolarse. Para que ellos logren un uso equilibrado de la tecnología, nosotros los adultos somos responsables de mostrarles el camino. Por esto, a continuación, veremos cómo prevenir problemas y qué hacer según el grupo de edad de los niños y jóvenes.

Hasta los 18 meses

Como ya hemos referido, la introducción de las pantallas a edades tempranas es cada vez más frecuente. Existe consenso entre los especialistas que afirman que los niños menores de 18 meses no deben tener contacto con las pantallas. Por lo tanto, los padres no deberíamos usar estos dispositivos para calmar la angustia, ansiedad y caprichos de los chicos. Es importante que ellos puedan desarrollar otras habilidades para el manejo de estas emociones.

Asimismo, las pantallas no deben interferir en la posibilidad del contacto piel a piel entre los niños y quienes los cuidan. Tampoco en sus juegos ni en la comunicación, ya que estos son los momentos de mayor desarrollo del cerebro y de adquisición del lenguaje. Los bebés aprenden mejor el idioma a través de una persona que habla con ellos que con una que habla en la TV o en una pantalla, afirma Martín Kutscher en su libro *Niños conectados.* "Los niños de entre 12 y 36 meses aprenden de manera más efectiva la imitación y la resolución de problemas cuando observan demostraciones en la vida real que cuando lo ven en videos. Las personas reales, que están físicamente presentes, son más efectivas para involucrar los centros de aprendizaje de un bebé, y más aún cuando esta persona tiene un vínculo afectivo con el bebé", sostiene el autor. "En las relaciones cara a cara hay socialización recíproca: el bebé tiene que contestar, en el video no", concluye.

Por esto, debemos saber que no es igual para el niño la interacción cara a cara que con una pantalla. En este aspecto, resulta fundamental el rol de los adultos que son los que deben enseñarles a los pequeños a interpretar una emoción expresada por el que está delante suyo. Esto significa tener rutinas con los niños, es decir, momentos del día para interactuar con ellos y programar salidas a espacios abiertos, en contacto con la naturaleza, para estimular todos los sentidos.

Es clave entonces que los adultos nos desconectemos de nuestras pantallas, para conectarnos con los niños.

Las pantallas no deben interferir en el descanso de los más pequeños. No hay que ofrecerles pantallas antes de ir a dormir ya que esto puede perjudicar el sueño.

A esta edad los chicos comienzan a deambular, a moverse, lo necesitan para su salud psicofísica. Por eso, es importante motivarlos para que realicen actividades motrices en lugar de proveerles pantallas, ya que esto fomenta el sedentarismo.

También esta es la edad en la que comienzan a establecerse hábitos y rutinas, por lo cual debemos ayudarlos a establecer rutinas saludables libres de la contaminación de las pantallas.

Hasta los 18 meses

- Evita las pantallas en menores de 18 meses.

- Si tu hijo llora, no lo calmes con una pantalla.

- Si tu hijo manifiesta algún malestar, intenta ver qué le sucede y ayúdalo a encontrar otras maneras de calmar su angustia o malestar; no lo conectes.

- No chequees tus mails, mensajes o notificaciones de redes sociales mientras estás con tu hijo. Tu tiempo con él es valioso e irrecuperable para ambos.

- Nada reemplaza el vínculo cara a cara para un adecuado desarrollo cognitivo y emocional.

Desde los 2 años

En esta etapa de la vida los chicos ya empiezan a interactuar con las pantallas. La recomendación es que pasen como máximo una hora por día frente a dispositivos tecnológicos, dado que es una etapa en que la interacción social con adultos y pares es fundamental.

Si permitimos que jueguen con las pantallas es clave que lo hagan bajo la supervisión del adulto. No es recomendable que ellos naveguen y elijan qué hacer, sino que lo apropiado es guiarlos para ir mostrándoles qué deben hacer con las pantallas. Es decir, acompañarlos. Los adultos son los que deben seleccionar los juegos y aplicaciones que usarán los menores. Primero deben probarlas y luego sentarse con ellos para utilizarlas juntos. Algunas investigaciones han demostrado que, a esta edad, algunos juegos educativos, aplicaciones o programas ayudan a mejorar habilidades sociales y el lenguaje. Esto siempre y cuando sean bien seleccionadas y se utilicen en su justa medida.

10 Hábitos que deben preservarse

1. No usar los dispositivos antes de dormir.

2. No usar pantallas durante las comidas.

3. No usar dispositivos digitales para calmar a los chicos.

4. Que la pantalla no reemplace o postergue la actividad física ni el estar en movimiento.

5. Que la pantalla no desplace el jugar cara a cara con otros chicos y con los adultos.

6. Que la pantalla no suprima o postergue salidas fuera de la casa, al aire libre, al cine, teatro, etc.

7. Los niños no deben ver contenidos sexuales o violentos.

8. Como padres y adultos debemos pasar tiempo jugando e interactuando con nuestros hijos. De esta manera los ayudaremos entre otras cosas a la adquisición del lenguaje. Los juegos no estructurados colaboran para estimularlos en la creatividad y en la resolución de problemas.

9. Como padres y adultos debemos tener clara conciencia de que los niños nos miran continuamente e imitan nuestras conductas y acciones. ¿Qué mensaje les estamos dando en relación con el uso de las pantallas?

10. Establecer pautas y límites claros para el uso de la tecnología. Regular el tiempo y los contenidos, y sostener la norma pese al enojo y la insistencia de los chicos. Muy importante: si en la casa hay otros adultos al cuidado de los niños, estos deben saber cuáles son las reglas que se manejan en la familia y aplicarlas también.

Niños en edad escolar y adolescentes

En esta etapa los niños ya saben leer, lo que les permite navegar y chatear solos en el mundo virtual y exponerse a diferentes tipos de riesgos. Por eso es fundamental poder establecer reglas claras del uso de la tecnología.

5 Claves

1. Enseñarles cómo usar correctamente la tecnología y contarles acerca de los posibles riesgos.

2. Desde el preciso momento en que permitimos que usen las pantallas debemos fijar el tiempo de uso.

3. Ser claros y explícitos respecto de la cantidad de tiempo permitido para permanecer conectados y con las consecuencias si esto no se respeta.

4. El objetivo es que los chicos desarrollen su autocontrol, pero hasta conseguirlo somos los adultos los que debemos ayudarlos, enseñarles y acompañarlos.

5. Establecer un acuerdo familiar que se irá modificando según la edad y las necesidades del niño. Es ideal plantear acuerdos desde que son pequeños. Esto permitirá revisar periódicamente la relación que tiene tu hijo con las pantallas y, en caso necesario, conversar nuevamente con él al respecto.

¿Exceso de pantallas?

El siguiente test servirá para evaluar el uso excesivo de las pantallas en los jóvenes.

Cuando sale a pasear a una plaza, un restaurante, o a la casa de algún familiar, ¿mira el teléfono en lugar de disfrutar de la salida?
☐ SÍ   ☐ NO

¿Necesita conectarse a algún dispositivo antes de irse a dormir?
☐ SÍ   ☐ NO

Cuando está comiendo, ¿necesita mirar un video o jugar en el teléfono o la Tablet?
☐ SÍ   ☐ NO

¿Se irrita o pierde el control si le impiden conectarse a los dispositivos?
☐ SÍ   ☐ NO

Si está conectado con algún dispositivo, no responde si le hablas o responde sin prestar atención.

☐ SÍ ☐ NO

¿Insiste con que le des tu celular para poder usarlo? ¿Si lo estás usando, te presiona para que termines rápido?

☐ SÍ ☐ NO

¿Imita personajes de videos de Youtube, habla como ellos y/o sus temas de conversación habitualmente giran alrededor de algún video o juego?

☐ SÍ ☐ NO

¿No disfruta de salir con amigos o de hacer otras actividades, ya que prefiere quedarse utilizando algún dispositivo?

☐ SÍ ☐ NO

Resultado

Si has contestado que sí a 5 o más de estas preguntas es importante que tomes algunas medidas, como hacer un acuerdo con tu hijo. Recuerda que, aunque hayas respondido con sí menos de 5 preguntas, siempre es importante que limites y pautes el uso de la tecnología.

¿Qué considerar para poder fijar las reglas correctamente?

- ¿Cuánto tiempo sería recomendable para tu hijo estar frente a las pantallas?

- ¿Qué contenido consume, y qué contenido podría ser preocupante que consuma?

- ¿Sabes qué hace tu hijo online?

- ¿Qué sitios visita?

- ¿Con quién interactúa?

- ¿Qué privacidad mantiene en su actividad online? ¿Qué contenidos comparte, muestra o cuenta?

- ¿Abandonó otras actividades por estar mucho tiempo online?

- ¿Descuidó el colegio, los encuentros cara a cara con sus amigos, algún hobbie o actividad deportiva?

- ¿La tecnología alteró las horas de sueño?

- ¿Has notado algún problema físico por el uso de la tecnología?

- ¿Su estado de ánimo cambia cuando está conectado o cuándo no puede usar las pantallas?

Previo a la reunión los adultos responsables del joven deben estar de acuerdo respecto de las reglas que van a plantear. Es importante que se establezca un buen clima, que el tono no sea de enojo sino amigable y tranquilo. Recuerda que debes intentar trasmitir las cosas de manera que se vivan como un acuerdo y no como un castigo.

Acuerdo digital

¿Qué se acordará?

- Los horarios en los que se utilizarán las pantallas, la cantidad de tiempo y qué dispositivos estarán permitidos.

- Lugar donde se utilizarán, de día y de noche.

- Qué otras actividades harán durante la semana y el fin de semana, además de las tecnológicas.

- Las consecuencias si no se cumple el acuerdo.

- Acudir a un adulto ante un posible riesgo o frente a cualquier duda o problema.

Durante la conversación es importante que te muestres tranquilo y abierto y no transmitas las pautas en un tono de enojo o amenazante. Es recomendable que puedas negociar algunos puntos, ya que otros no serán negociables. Al iniciar la charla debes recordarles que todos los dispositivos son de la familia y que del cumplimiento de las reglas que establezcan juntos, dependerá que puedan seguir utilizándolos o no. Por lo tanto, el uso de los dispositivos dependerá de que sea responsable, sano y honesto. El psicólogo Martín Kutscher, en su libro *Niños conectados*, nos ofrece algunas sugerencias a la hora de armar el contrato familiar para el uso de los dispositivos.

Reglas no negociables

- Debes tratar a los otros como te gusta que te traten. Así como te manejas en la vida cara a cara, debes hacerlo en el mundo virtual. No debes hacer *bullying*, ni ser cruel.

- Eres maravilloso. Por eso no debes inventar un perfil diferente para mostrarte en las redes sociales.

- No subas ni envíes ninguna foto ni mensaje que no podrían ver tus padres.

- No existe la privacidad una vez que envías o subes algo al mundo virtual. Una vez que esté allí, será irreversible, estará para siempre.

Lo podrá ver cualquier persona, compañeros, amigos, familiares, profesores y futuros jefes.

- No debes vivir tu vida en el teléfono. No es necesario que toda tu vida esté documentada en fotos.

- Las conversaciones importantes deben suceder cara a cara.

- Si existe alguna duda acerca de temas sexuales, recurre a tus padres que te ayudarán a buscarla en otros lugares; pero internet y la pornografía no son buenos lugares para responder esas preguntas.

- Busca consejos de adultos, si estás con dudas o problemas.

- Los padres tendrán todos los *user names* y las contraseñas de todas las cuentas. Podrán instalar controles parentales.

- Los padres deben autorizar todas las aplicaciones que se descarguen y no podrán comprar nada sin su previa autorización.

- No debes usar el celular mientras que conduces o andas en bicicleta.

- En la escuela debes obedecer todas las reglas sobre el uso del celular y otras tecnologías.

Algunos privilegios para negociar

- Apagar el celular durante las comidas familiares: SÍ - NO

Pueden establecer algunas excepciones; por ejemplo, si están esperando algún mensaje importante, o si están arreglando algún plan que necesite chequear el celular.

Permitir usar los dispositivos electrónicos antes de hacer la tarea:
SÍ - NO

Si es SÍ, habrá que establecer durante cuánto tiempo.

- Todas las computadoras y aparatos con conexión a internet deben ser usados en un lugar visible de la casa: SÍ – NO

El *multitasking* hace que la tarea lleve más tiempo ya que cada vez que se interrumpe lo que se está haciendo hay que volver a focalizar. Esto hace que se pierda más tiempo en lo que se está haciendo. Teniendo en cuenta esto, elegir una de las siguientes opciones:
- *Dividir el día en intervalos de tiempo: primero hacer toda la tarea, después las redes sociales, y luego chequear los mails.*
- *Tomarse 10 minutos de recreo chequeando redes sociales, por cada 50 minutos de trabajo.*
- *Tomarse de 1 a 2 minutos de recreo por cada 10 a 15 minutos de trabajo.*

- Durante el momento de hacer la tarea dejarás tu celular en algún lugar visible de la casa: SÍ – NO

- Durante el momento de hacer la tarea apagarás todas las notificaciones: SÍ – NO

- Durante el momento de hacer la tarea escucharás música (usarás una radio para evitar la tentación de usar el celular): SÍ – NO

- El máximo de tiempo usando las pantallas fuera de los momentos de escuela y tareas será: _____

  El tiempo que le dedicarás durante los fines de semana será: _____

- El tiempo durante las vacaciones será: _____

- A la hora de irse a dormir el celular (elegir una opción):

-*Quedará en la habitación.*
-*Quedará en un lugar visible de la casa.*

- Los dispositivos electrónicos se podrán llevar afuera de la casa: SÍ - NO

- Si se pueden llevar fuera de casa, ¿a dónde? _____

- Otras cuestiones a definir según cada familia:

_____
_____
_____

Lo ideal, al finalizar la charla es hacer una especie de contrato por escrito donde todos se comprometan al uso responsable de la tecnología. Esto ayudará a que todos tengan en claro qué es lo que en la familia se espera respecto del uso de las pantallas.

Navegación segura

En el Capítulo 3 nos referimos al peligro que significó el *Momo Challenge*. En relación con esta situación, es importante que el diálogo con los niños sea constante; enseñarles que, cuando haya algo que no les gusta, los incomoda o les da miedo, no se queden allí. Pueden cerrar el juego, el video o la aplicación. También es importante recordarles que deben poder acudir a un adulto de confianza para contarle lo que vio y le generó.

Por su parte, si los adultos se enteran de que está circulando algún material riesgoso, deben denunciarlo a la red social en la que este apareció para que lo eliminen de circulación y de esa manera evitar que otros chicos estén expuestos a este peligro.

Lo recomendable sería que se pueda hablar del tema sin continuar con la viralización del video.

Existen algunos sitios y aplicaciones que colaboran para que los niños puedan navegar de manera segura y divertida:
- Aplicación QUIDS (www.qidsapp.com)
- BUNIS (bunis.org)
- TALKYDS (talkyds.com)

También disponemos de controles parentales que se pueden instalar en los dispositivos que utilizan los niños.

Si bien esto ayuda, no es suficiente. Los adultos siempre tienen que monitorear qué están haciendo los chicos en el mundo virtual.

Cuando los niños navegan solos

Si dejamos que los chicos se manejen libremente dentro del mundo digital, corremos el riesgo de que compartan información personal o de la familia. Pueden hacerlo desde los juegos online como desde las redes sociales. Por ejemplo, niños pequeños y mayores suelen utilizar juegos como el mundialmente famoso Fornite. Se han hecho públicas múltiples denuncias que dan cuenta que desde ese juego se ha generado una red criminal dedicada a robar tarjetas de crédito y contraseñas.

Puede suceder que este tipo de juegos sirvan de puerta de acceso para pedófilos que se ponen en contacto con los menores para establecer relaciones con ellos o para obtener fotografías que luego utilizan para páginas pornográficas o para amenazarlos.

Todo esto refuerza la necesidad de no dejar solos a los niños frente a los dispositivos y de mantener un diálogo abierto, tranquilo y no amenazador con ellos, en el cual se los advierta acerca de los riesgos y se les enseñe a transitar el mundo digital tal como les enseñamos a hacerlo en el mundo real.

Debes explicarles que:

- El espacio virtual está lleno de hackers que pueden perjudicarnos.
- Todos los días aparecen nuevas noticias de las diferentes situaciones en las que aparecen los hackers.
- Los bancos y las tarjetas de crédito advierten que no hay que responder mails que invitan a dejar nuestros datos en un link. De hecho, ante este tipo de mail, hay que comunicarse con el banco telefónicamente o ingresar a la página del banco. En general ese vínculo te lleva a una página de la cual roban información y luego utilizan la tarjeta.

Phishing

La metodología que se utiliza para los ciberataques a través del celular es la del *phishing*. Los ciberdelincuentes utilizan algunos trucos para que sean los usuarios los que se descarguen archivos maliciosos en sus teléfonos. Lo logran ofreciendo ofertas, beneficios o aplicaciones especiales.

Estos son algunos indicadores de que tu teléfono puede haber sido afectado:

Presta atención si tu teléfono:

- de un momento a otro, está más lento que lo habitual;
- se queda sin batería mucho más rápido;
- muestra aplicaciones que no descargaste y que no tenías antes;
- muestra anuncios, como pop ups o ventanas emergentes;
- envía mensajes por mensaje de texto o whatsapp a todos tus contactos. Así es como se viralizan los contenidos maliciosos;
- tiene ruidos en la comunicación;
- gasta más datos que lo habitual, a pesar usarlo como siempre.

¿Qué hacer?

- Desinstalar las aplicaciones que no te bajaste.
- Actualizar siempre el teléfono. Tener siempre la última versión del sistema operativo.
- Actualizar las aplicaciones de chat o intercambio de información, como whatsapp por ejemplo.
- Tratar de no conectarse a redes wifi públicas, ya que no son seguras.
- Descargar aplicaciones solo de tiendas oficiales.
- No descargar archivos ni abrir links que lleguen vía whatsapp, mensaje o mail.

Privacidad y seguridad online

Los adultos deben hablar con los niños y jóvenes acerca de la identidad digital que construyen con los contenidos que suben al mundo virtual. Todo lo que publican construye su huella digital de por vida y forma parte de su identidad. Por esto, es relevante que tomen conciencia de que tienen que ser responsables de toda la información que suban a las diferentes redes sociales, fotos, videos, información personal o de amigos y familiares como también de los comentarios.

Es importante que reforcemos ante ellos el siguiente mensaje: una vez que un material entra al mundo virtual, perderá el control sobre ese material, no sabrá quién lo vio ni qué puede llegar a hacer con su contenido. Incluso, aunque se borre lo publicado, alguien puede haberlo guardado para hacer uso del mismo cuando lo desee.

Por esto, el segundo mensaje a reforzar será: antes de subir algo hay que pensar si eso que quiere subir no lo puede llegar a perjudicar en algún momento, y ante la menor duda, mejor no subirlo.

Recuerda también decirles que:

- Las redes sociales tienen diferentes niveles de privacidad, por lo tanto, podrán elegir quiénes pueden ver y qué cosas en cada red.
- En el mundo digital no todos son buenas personas, por eso puede haber personas que quieran hacer daño.

Por último, dedica tiempo y siéntate con ellos para ayudarlos a configurar el nivel de cada red social y analizar juntos qué información se podría filtrar.

Para Facebook

- No debe estar disponible públicamente ningún ajuste del perfil del menor.

- La información disponible debe ser accesible solo para los amigos conocidos de la vida real y para la familia.

- Solo deben aceptar amigos de personas que conocen en la vida real.

- No deben hablar con desconocidos: en el mundo virtual es igual de peligroso como en la vida real.

Para Twitter

- Seguir solo a gente que conocen cara a cara.

- Cuestionar los mensajes que reciben.

- No creer en todo lo que leen.

- Si tienen alguna duda de algo que se publica, verificar la información.

A continuación, comparto algunas sugerencias para padres de la compañía de seguridad informática ESET:

- Un adulto debe asignar una cuenta de usuario para el menor. De esta manera, se puede controlar su actividad en la red. El administrador debe ser un adulto.
- Debe mantener un antivirus y control parental actualizado.
- Los padres deben controlar el historial de navegación. Los chicos deben saber con anterioridad que los padres lo harán, y los padres lo deben poner como condición desde el momento que establece el acuerdo de uso.
- Controlar la cámara web, debe estar desconectada cuando no se usa.
- Revisar las configuraciones de las redes sociales de los niños y adolescentes como también chequear quiénes son sus amigos en las diferentes redes sociales.

Shatering

Tal como venimos refiriendo, es importante que los niños y jóvenes no se expongan a través de las redes sociales. Sin embargo, a veces sin darnos cuenta, somos los padres los que exponemos a nuestros hijos. A este nuevo fenómeno se lo llama *shatering*. Muchos padres, orgullosos de sus hijos, suelen subir información o imágenes de ellos en Facebook o Instagram. Estos padres, como muchos jóvenes, no son conscientes del alcance de esta información y cómo podrían utilizarla terceros.

En 2015 la Oficina del Comisionado de Seguridad Electrónica de Australia detectó que el 50 % de las imágenes que aparecían en sitios de pedofilia provenían de imágenes de niños y jóvenes que habían subido sus padres. Por otro lado, a medida que crecen, muchos jóvenes sienten malestar cuando sus padres los exponen en las redes violando su intimidad.

Por esto, los padres deben tomar conciencia del alcance de lo que están posteando y el peligro que esto puede llegar a ocasionar. Muchas veces hasta suben cosas en tiempo real, con lo cual algunos delincuentes pueden saber qué es lo que están haciendo y donde están.

5 sugerencias para padres

1. Recordar que todo lo que se postea puede ser público, incluso las fotos de los menores.

2. Si deciden postear algo de sus hijos, deberán tener en claro cuál es la configuración de la privacidad que tienen en sus cuentas.

3. Antes de subir una foto de él o ella deberás consultarle a tu hijo/a si está de acuerdo, ya que ese contenido forma parte de su intimidad.

4. Recordar que somos modelos de nuestros hijos y si les insistimos con que deben ser cuidadosos con su privacidad, debemos ser coherentes.

5. Todo lo que postee de sus hijos integrará su identidad digital.

Delito informático

Puede suceder que el desconocimiento de los riesgos sobre la seguridad personal en internet, te hayan expuesto a ti o a tus hijos a algún tipo de delito informático como el robo de información personal, contraseñas, fraudes, falsificación de información o cualquier otro delito.

¿Qué hacer ante un delito informático?

- No borrar nada.

- Guardar la información de tus dispositivos relacionada con el hecho. Esto es importante porque servirá como prueba ante una denuncia.

- No enviar la información a nadie.

- Hacer la denuncia.

-¿Dónde hacer la denuncia?
Es importante informarse según el país y ciudad en la que vivas cuáles son los organismos que reciben denuncias por delitos informáticos. Basta con buscarlo en tu navegador y encontrar la información. Para los lectores argentinos, a continuación, cito las alternativas que ofrece el sitio Argentina Cibersegura:

División Delitos Tecnológicos de la Policía Federal Argentina, Cavia 335 1°, Ciudad Autónoma de Buenos Aires, Tel. 4800-1120/4370-5899, delitostecnologicos@policiafederal.gov.ar

Unidad Fiscal Especializada en Ciberdelincuencia – UFECI, Sarmiento 663 6°, Ciudad Autónoma de Buenos Aires, Tel. 11 5071-0040, denunciasufeci@mpf.gov.ar

En cualquier fiscalía criminal o federal de la Ciudad Autónoma de Buenos Aires o Federal del interior del país. Busca la más cercana a tu domicilio en el siguiente enlace: www.mpf.gob.ar/mapa-fiscalias

Área de Cibercrimen - Policía Metropolitana, Ecuador 261, CABA, Buenos Aires, Argentina, Tel. 4309-9700 internos 4008 O 4009, cibercrimen@buenosaires.gob.ar

Fiscalia de la Ciudad de Buenos Aires, denuncia online en www.fiscalias. gob.ar/en-linea, denuncia Telefónica: 0800 33 (FISCAL) 347225, denuncia presencial: Saavedra: Ramallo 4389, Tel. 4545 2012; Belgrano y Núñez: Av. Cabildo 3067 3° piso, Tel. 5297 8102; Chacarita: Guzmán 396, Tel. 15 4026 1620; Palermo: Beruti 3345, Tel. 4014 1943; Balvanera: Combate de los Pozos 155, Tel. 4011 1586; Parque Patricios: Zavaleta 425, Tel. 4911 7406; Villa Lugano: José León Suarez 5088, Tel. 4601 2358.

¿Qué diferencia a un delito digital de otros?

Puede haber delito sin que haya contacto físico. Por ejemplo, una foto se puede digitalizar y transformarse en una foto pornográfica y ser distribuida en la red.

Lo que se publica se puede seguir repitiendo en el tiempo, permanecer allí para siempre.

Trasciende los límites jurisdiccionales. Puede haber una víctima que trascienda las comunidades y los países. La ubicación física de las víctimas puede no importarle a los depravados sexuales.

Muchas veces las víctimas no saben que están siéndolo, ni se enteran qué se hizo con su material.

Grooming

Como ya mencionamos, *grooming* es el acoso sexual hecho por un adulto a un menor por medios digitales. El adulto se gana la confianza del joven para luego abusar del mismo. Los adultos deben realizar algunas acciones para prevenir que esto suceda.

10 sugerencias para prevenir el *grooming*

1. Hablar con los niños y jóvenes respecto de no publicar información personal, como domicilio, teléfono, las actividades que realizan, los gustos que tienen, el colegio al que van, etc.

2. Monitorear la información que los menores suben. La conversación es necesaria para educar, pero no es suficiente. También hay que controlar que lo hayan entendido y que lo hayan hecho.

3. Conversar abiertamente y con un lenguaje y contenido adecuados a cada edad acerca de los riesgos que existen en el mundo virtual.

4. Transmitir seguridad y confianza para que los chicos se animen a acudir a los adultos si tienen alguna duda o situación incómoda o peligrosa en las redes sociales.

5. Mantener actualizado el antivirus para evitar ciberdelitos y *malwares* (programas malicisos).

6. Instalar un programa de control parental que disminuya las probabilidades de navegar sitios inadecuados y acceso a contenidos inconvenientes. Como ya dijimos, esto contribuye, pero no es suficiente. Nada sustituye el cuidado y monitoreo permanente del adulto.

7. Si sospechas que un menor está sufriendo *grooming* es importante que le des confianza y tranquilidad. No lo culpes, ayúdalo para que pueda abrirse y contar lo que está sufriendo. Se trata de situaciones que no son fáciles de expresar dado que generan mucha angustia, vergüenza y culpa al menor. Si te enojas no estarás promoviendo la posibilidad de que los menores compartan lo que están viviendo. Insisto con la importancia de crear un clima de entendimiento y confianza para que los chicos se animen a hablar.

8. Si el menor se anima a hablar, debemos sentarnos con él y buscar el material que sirva como prueba para poder hacer la denuncia.

9. Si sospechas de algo y el menor lo niega o no se anima a hablar, chequea los dispositivos que utiliza y busca las pruebas tú mismo.

10. Cuando tengas las pruebas, procede como mencioné ante un ciberdelito.

En Argentina, la ley 27.458 pena con prisión de 6 meses a 4 años a aquellas personas que por medios digitales o electrónicos se contactan con menores para cometer un delito contra su integridad sexual. Así que si descubres algún acto de *grooming* debes denunciarlo.

Pedófilos en la red

Según la doctora Kimberley Young, directora del primer Centro en EE.UU. de Adicción a Internet:

- 1 de cada 5 adolescentes recibe alguna solicitud sexual en Internet.
- 1 de cada 4 recibe fotos de gente desnuda o teniendo sexo.
- 1 de cada 17 es asustado por medio de las redes sociales.
- 1 de cada 33 recibe alguna agresión sexual o invitación a encontrarse personalmente.

El anonimato que otorgan las redes sociales facilita que el que realiza todos estos actos pueda esconder su edad, sexo y su ubicación real. Se trata de personas muy hábiles que saben qué buscar. Están atentos a interpretar cuál es el hobbie del menor, qué música le gusta, qué intereses tiene y de esa manera, a medida que van ganando más confianza, los chicos le van dando más información. Son depravados que utilizan las redes para captar menores para actos sexuales. Algunas veces las relaciones permanecen en el espacio virtual, y otras veces ejercen presión para encuentros cara a cara. En cualquier caso, estas relaciones pueden ser muy dañinas y traumáticas.

En general, a los padres les cuesta creer que sus hijos puedan vivir una situación de este tipo, en consecuencia, no les advierten acerca del tema ni están pendientes ante una posible relación que sus hijos puedan estar entablando. Es clave que los padres estemos atentos ya que ninguno de nosotros puede estar seguro de que su hijo o hija no haya entablado algún contacto con un pedófilo.

Perfiles más vulnerables para el accionar de pedófilos

- No suelen bloquear a extraños.

- Se unen fácilmente en conversaciones con extraños.

- Son ingenuos o, por el contrario, les gusta arriesgarse.

- Son solitarios, tienen pocos amigos.

- Buscan afecto o amor online.

- Suelen creer que se están comunicando con alguien de su edad.

- Pasan más de 90 minutos online por día.

- Son muy reservados en relación con sus actividades online. Cuando pasas cerca de ellos cierran o esconden lo que están haciendo.

- Suelen tener pocas actividades en su vida, fuera de lo que hacen con las pantallas.

A continuación, listo algunos signos que nos advierten acerca de la posibilidad de que los jóvenes estén en comunicación con un pedófilo.

15 signos de advertencia

1. Recibe llamadas extrañas.

2. Recibe regalos.

3. Descarga fotos de extraños.

4. Descarga fotos pornográficas.

5. Se pone nervioso o cambia rápidamente de ventana cuando te acercas.

6. Busca conectarse en momentos en los que está solo.

7. Es muy reservado sobre las actividades que realiza con las pantallas o respecto de la gente con la que se comunica.

8. Visita sitios vinculados con la muerte o con hacerse daño.

9. Tiene muchos amigos en las redes que no conoces.

10. Pasa muchas horas online y sus calificaciones escolares bajaron mucho.

11. Se queda hasta muy tarde chateando.

12. Miente en relación a su actividad online.

13. Ha cambiado de actitud o estado anímico.

14. Ha dejado de hacer actividades offline que antes hacía y disfrutaba.

15. Ha dejado de encontrarse o de hacer actividades con sus amigos, cara a cara.

Si observas alguno o algunos de estos indicadores, investiga con quiénes se está comunicando tu hijo. Es importante que tengas en cuenta que esto le puede ocurrir tanto a chicas como a chicos.

Algunas preguntas que pueden ayudar a abrir el diálogo con tu hijo en caso de que sospeches una situación riesgosa:

¿Alguien te hizo sentir incómodo online?

¿Alguien que conociste en las redes te invitó a encontrarte?

Sugerencias que puedes darle a tu hijo

- Evita comentarios inapropiados e imágenes sexuales.

- No envíes fotos ni videos eróticos.

- No compartas información personal.

- No uses las redes sociales para asustar o abusar de alguien.

- No hagas nada ilegal en las redes, puede traerte consecuencias.

- ¡No compartas tus contraseñas con nadie! Te pueden hackear.

- No ingreses a sitios de adultos, te pueden llevar a contactarte con la persona equivocada.

- No te muestres como quien no eres. Si tienes 15 años no actúes o te hagas pasar por alguien de 24. Esto puede traerte consecuencias desagradables.

- No juzgues a los demás ni a ti mismo por los comentarios que se publican en las redes.

- No tienes que aceptar a todos los que te piden amistad en las redes sociales; puedes bloquearlo si no lo conoces o si muestra algo que te parece sospechoso.

- No tienes que ver todo lo que se publica en la red. Si algo te incomoda o te parece sospechoso, ciérralo y bloquéalo.

- Si algo te incomoda o te preocupa acude a un adulto de confianza con quien hablar del tema.

- Si sospechas que alguien te está mintiendo sobre su identidad o te está engañando, habla con un adulto.

- Si notas que un amigo tuyo puede estar atravesando alguna de estas situaciones, no dudes en buscar ayuda.

- Si alguien que no conoces personalmente te envía algún mensaje erótico o sexual, no respondas.

- Si quieres encontrarte personalmente con alguien que has conocido en las redes:

Avisa a un adulto del encuentro, del lugar de la cita y de quién se trata la persona.
  - *La cita debe acordarse en un lugar público y no debes acudir solo.*
  - *Si a último momento la persona cambia el lugar del encuentro, sospecha y cancela tu encuentro.*

Sexting

Como ya mencionamos, el *sexting* o sexteo consiste en enviar contenidos de tipo sexual, principalmente fotos y videos, a través de medios digitales. Los jóvenes no toman conciencia de las consecuencias que esto puede tener ya que estas imágenes pueden ser diseminadas por el mundo virtual, sin posibilidad de medir el alcance real.

Consejos para tus hijos

1. Aunque confíen en el destinatario del material, nunca saben qué puede ocurrir después con esa misma persona.

2. Puede ocurrir que alguna otra persona llegue a ese dispositivo y tenga acceso a ese material, aunque el destinatario no lo haya hecho intencionalmente.

3. El celular se puede perder, lo pueden robar o puede ser hackeado, lo que puede provocar la difusión de estas imágenes.

4. Aunque borren el material, una vez que ingresó al mundo virtual, ya no les pertenece, ya no sabrán a manos de quien puede estar. Y ya no se borrará nunca.

5. Puede ocurrir que se instale un malware en la computadora que utiliza el adolescente y que un desconocido tenga acceso a la webcam de la computadora. De esta manera, un delincuente podría ver lo que ocurre en esa habitación. Para prevenir esto se puede cubrir la cámara mientras no se esté utilizando.

6. Antes de mandar algún material erótico o sexual, pregúntate:
   - *¿Lo quiero hacer o me siento presionado a hacerlo?*

- *¿Conozco a la persona a la que le estoy mandando este material?*
- *¿Confío?*
- *¿Para qué lo hago?*
- *¿Adónde puede llegar este material?*
- *¿Qué daño me puede ocasionar ahora o en un futuro?*

7. Si esa foto fuera vista por tus compañeros de colegio o amigos del club, ¿cómo te sentirías?

8. Lo que quieres mostrar hoy, quizá más adelante no te gustará mostrarlo.

9. Enviar fotos sexuales de menores es un delito.

10. Si recibes o tomas una foto de otro y la envías, estás cometiendo un delito. Incluso si te hubieran pedido que tomes la foto, eso no te da derecho a enviarla.

11. La víctima sufre mucho. No debes intervenir en una cadena de envío de imágenes, de humillaciones, que pueden dañar a otro.

12. No hagas nada que no te gustaría que te hagan.

13. Si te llega algún material de este tipo, además de no enviarlo, lo ideal es que lo denuncies.

14. No existe el sexteo seguro y controlado. Si de todas formas decides enviar una foto no muestres tu cara ni un rasgo muy distintivo de tu cuerpo, ropa o lugar. Piensa bien a quién se lo enviarás. Cuánto menos confianza tengas, más riesgo. Si le has enviado fotos a tu pareja y luego terminas con la relación, pide a tu pareja que borre las imágenes tuyas.

Ciberbullying

Recordemos que el *ciberbullying* ocurre cuando la tecnología es utilizada para acosar, humillar, amenazar o burlar. Con la aparición y la difusión de las pantallas, el alcance y las consecuencias se potencian rápidamente.

Los adultos tenemos que estar muy atentos para detectar cuando esto ocurre y así poder ayudarlos frente a las consecuencias y detener las conductas de hostigamiento.

¿Cómo detectar el *ciberbullying*?

- Los chicos son reacios a reportar incidentes de *ciberbullying* ya que piensan que la intervención de los adultos puede empeorar la situación.

- El acto de *ciberbullying* involucra tanto al hostigador, al hostigado y a los testigos.

- En general los chicos hostigados suelen sufrir mucho más el accionar de los testigos, que muchas veces son sus amigos, que no reaccionaron para defenderlo, que por el accionar del hostigador.

- El niño o joven evita utilizar dispositivos electrónicos.

- Se estresa, se pone ansioso o irritable cuando recibe algún tipo de mensaje, mail o está frente a algún dispositivo que tenga internet.

- Observas que deja de utilizar alguna red social que solía usar con frecuencia.

- El niño o joven se aísla de la familia y los amigos. Notas que se esconde en su habitación y evita el contacto.

- Aparece un deterioro repentino de las relaciones sociales.

- Deja de hacer actividades que antes hacía con sus amigos.

- No quiere ir a la escuela ni a eventos sociales.

- Simula estar enfermo.

- Debido a los nervios que la situación le provoca, comienza a manifestar malestares físicos, como dolores de cabeza, de panza, etc.

- Se muestra reacio a participar en actividades en el colegio (por ejemplo, no quiere participar en clase).

- Demuestra signos de baja autoestima, depresión o miedo.

- Presenta cambios de humor o llora sin razón aparente.

- Se pone muy nervioso.

- Baja sus notas en la escuela.

- Le cuesta concentrarse.

- Deja de comer o empieza a comer en exceso.

- Sufre trastornos de sueño.

- Evita conversaciones sobre el uso de las pantallas y redes sociales.

- Algunas veces aparece ideación suicida.

Agunos factores pueden aumentar las probabilidades de que ocurra *ciberbullying*:

- Los jóvenes que han padecido *bullying* escolar son más propensos a sufrir *ciberbullying*.
- Los chicos que pasan muchas horas frente a las pantallas tienen más probabilidades de padecerlo que los que no le dedican tanto tiempo.

- La baja autoestima.

¿Cómo prevenir el *ciberbullying*?

- El ámbito educativo es el lugar ideal para trabajar con los chicos en la prevención del ciberacoso.

- Reflexionar para tomar conciencia acerca de las posibles consecuencias que puede ocasionar el hostigamiento.

- En las comunicaciones online, debemos hablar y tratar al otro como nos gusta que nos traten y hablen.

- No se debe ignorar el dolor de los otros.

- El tipo de contacto a través de una pantalla ayuda muchas veces a no conectar con la reacción emocional del otro ante lo que uno hace.

- El contacto online vuelve más difícil la empatía. Por esto, muchas veces esto facilita que uno no se haga cargo de lo que pudo haber provocado un mensaje o una imagen dañina.

- No se debe callar ante situaciones de *bullying* de terceros. Hay que hacer algo para detenerlo y denunciarlo. La neutralidad te convierte en cómplice de la situación, y esto también daña.

- Se deben enseñar cuáles pueden ser las consecuencias del *bullying*: baja autoestima, depresión, ansiedad, miedo, ganas de desaparecer, llanto, dificultad para concentrarse, dolores físicos, dificultad para seguir relacionándose con sus pares, no querer salir de la casa, no querer ir más al colegio, universidad o trabajo, en el caso de gente más adulta.

- Siempre hay que controlar la información que se sube a la red, ya que esto luego puede ser utilizado por otros en un futuro.

- A mayor tiempo de conexión y actividad online, más probabilidades de sufrir ciberacoso.

- No responder impulsivamente ni reenviar una información o contenido de este tipo. Analizar si será almacenada, borrada, respondida o reenviada.

12 acciones ante el *ciberbullying*

1. No responder a los mensajes acosadores, ni el chico ni el adulto. De esa manera evitamos escalar en la conversación.

2. Los adultos jamás deben contestar un mensaje haciéndose pasar por el menor.

3. Guardar los mensajes o las imágenes del acoso ya que pueden servir como pruebas.

4. Bloquear al contacto desde donde vino el mensaje.

5. Si los están burlando o acosando, desconectarse y pedir ayuda.

6. Recordarle que debe hablar siempre con algún adulto de confianza.

7. Los adultos no deben culpabilizar a los jóvenes por lo que les ha sucedido.

8. El adulto debe compartir con el joven las acciones que llevará a cabo para resolver el incidente.

9. No hay que obligarlos a que hagan algo con lo que ellos no estén de acuerdo o para lo cual no estén preparados para hacerlo.

10. El adulto deberá revisar con el joven los contactos que tiene y qué tipo de información personal comparte, para evitar que ocurran nuevos incidentes.

11. El adulto debe hablar con la escuela. Muchas escuelas intentan no hacerse cargo del tema y no colaborar en la resolución del conflicto, ya que expresan que esto sucedió en el ámbito virtual y no en el colegio. Los padres deben exigir el trabajo y la resolución del conflicto en el ámbito escolar ya que, si bien esto no ocurrió físicamente en la escuela, el vínculo de los chicos se originó allí. Además, la escuela es el ámbito donde se debe enseñar la buena convivencia y respeto por el otro.

12. Los padres deben hablar también con los padres del acosador. Ante los problemas de *bullying*, se debe trabajar con todos: el acosado, el acosador y los testigos. En general, el acosador también tiene dificultades. Habrá que ver qué es lo que lo llevó a proceder así. Es muy frecuente que los acosadores hayan padecido en algún momento de *bullying* y que haya pasado de ser hostigado a ser hostigador. Es importante ayudarlo con sus propios problemas y que aprenda a ponerse en el lugar del otro.

¿Qué hacer en las escuelas?

- Se debe trabajar en grupos, trasladando las situaciones y los diálogos que se dieron en el espacio virtual al diálogo real.
- Deben tener una política y un procedimiento contra el *bullying*.
- Deben tener normas claras, que todos deben conocer, sobre reprimendas contra el *bullying*.
- Se debe trabajar en la prevención del *bullying*.
- Si el acoso continúa se debe hacer la denuncia en una fiscalía.
- Se debe recordar siempre que cuando uno se relaciona con alguien virtualmente nunca se encuentra plenamente seguro, siempre puede haber algún peligro potencial.
- Los adultos perciben que el joven acosado se encuentra deprimido o con riesgo de vida, el joven debe permanecer acompañado y realizar una consulta a un profesional.

Herramientas antiacoso de Twitter

Si te sientes amenazado:

- Deja de seguir a la persona que sientas que te está acosando.

- Puedes silenciar palabras, conversaciones, nombres de usuarios, emojis o hashtags.

- Con algunos filtros en las notificaciones puedes no ver respuestas.

- Si hay algunas imágenes que te hieren, puedes elegir ocultarlas desde tu configuración.

- Puedes elegir que tu cuenta sea privada y que tengan que pedirte una solicitud para que permitas que vean los tweets que subes.

- Puedes elegir filtros de búsqueda, gracias a los cuales puedes elegir que algún contenido, cuentas bloqueadas y silenciadas no aparezcan cuando se realizan búsquedas.

- Bloquear cualquier cuenta que te provoque algo que te haga mal. Esta opción está al lado del botón seguir o siguiendo.

- Deshabilitar mensajes directos.

- Deshabilitar la opción desde la configuración.

No solo se puede acosar desde las redes sociales, sino también desde los juegos online. Desde un juego los pueden burlar, amenazar o insultar. En algunas oportunidades, algunos jugadores pueden poner muy incómodos a otros. Los atacan y les vuelven el juego muy difícil. Incluso, algunas veces se alían con otros jugadores para lograrlo. Si esto ocurre, como con el resto de las conductas de acoso, se debe reportar.

- Primero, compartirlo con un mayor.
- Dejar de jugar por un rato si lo están molestando.
- Tratar de hacer alguna otra actividad, si es compartida con otra persona, en la vida real, cara a cara mejor.
- Como con el resto de las situaciones de hostigamiento, tratar de tener una prueba de lo que está sucediendo.

13 signos de una posible adicción a internet

1. Juegan muchas horas en el día y por largos períodos de tiempo.

2. Si por alguna razón no pueden jugar se ponen muy irritables y muchas veces violentos.

3. Dejan de hacer otras actividades por pasar más horas jugando.

4. Desobedecen el tiempo límite que se les fija para jugar.

5. No les interesa ninguna otra actividad.

6. Se aíslan de la familia y de los amigos. Su atención se enfoca solo en el juego.

7. Pasan menos tiempo con sus amigos, ya que cada vez les interesan menos las relaciones de la vida real.

8. Suelen usar el juego como una manera de escapar a sus problemas.

9. Muchas veces el jugar tanto tiempo y descuidar el resto de su vida, les trae consecuencias, pero pese a esto, no pueden dejar de jugar.

10. Por medio del juego se sienten poderosos; los mejores se obsesionan en mejorar y buscan ser reconocidos como buenos jugadores. Para ello tienen que dedicarle mucho tiempo al juego. Y el pasar tanto tiempo jugando provoca consecuencias que ignoran para poder seguir jugando.

11. Muchos adolescentes bajan su rendimiento académico, repiten de grado o curso, o abandonan o los echan de los colegios; otros, terminan relaciones con sus novios/novias, atraviesan problemas con sus padres, descuidan su salud e higiene personal.

12. Muchos adultos pierden el trabajo y terminan en una separación de la pareja. Algunos adultos llegan a descuidar el cuidado de sus hijos.

13. Tanto en niños, jóvenes y adultos puede aparecer temblor en las manos, problemas de sueño, pensamientos obsesivos o fantasías en relación al juego.

A qué factores de riesgo deberían prestar atención los adultos para pensar que el niño o joven podría desarrollar este tipo de adicción:

- **Baja autoestima**
  Muchas veces nos encontramos con chicos a los que no les va bien en el colegio y se sienten fracasados allí. Cuando comienzan a jugar y se destacan, empiezan a sentir lo que no sienten en ningún otro lugar. Lo valoran, lo veneran, empiezan a tener amigos. Encuentran allí la validación y la compañía.

- **Dificultades en las relaciones sociales**
  Los juegos online son actividades sociales, ya que se juega junto a otros. Lo social ocupa un lugar importante en muchas de las adicciones al juego. Sienten la pertenencia que no sienten en otro lado. Sentirse ganador, obtener muchos puntos, hacen que sigan jugando más y más.

- **Personas muy inteligentes e imaginativas**
  Muchos chicos son muy inteligentes, pero en el colegio se aburren porque no se sienten motivados. Estos chicos utilizan el juego como un medio de aventura y estimulación intelectual.

- **Tienen necesidad de reconocimiento y poder**
  En el juego ganan poder y status entre sus pares.

- **Cuanto más pequeños comienzan a jugar más riesgo de desarrollar una adicción tienen.**

- **Historia de adicción en la familia**
  Son familias en las que algún miembro encontró en la adicción una manera de manejar las emociones dolorosas y las situaciones problemáticas.

- **Preocupación por el juego**

Cuando están haciendo otra actividad, cuando están en otra tarea, su cabeza está en el juego. Si bien deberían estar concentrados en otra cosa, no logran dejar de pensar en el juego. Mienten o esconden el tiempo que pasan en el juego y el lugar central que ocupa en sus vidas. Tienen un nivel de dependencia psicológica tal que si no pueden jugar se sienten irritables, ansiosos o deprimidos. En lo único que piensan es en cuando van a poder volver a jugar.

- **Jugar como un escape**

Utilizan el juego como una manera de aquietar las emociones que molestan y de olvidarse de las situaciones dolorosas que padecen. También para evitar situaciones estresantes y emociones displacenteras. Se escapan hacia las sensaciones gratificantes que consiguen jugando y con los sentimientos que asocian al jugar.

Alguien inseguro, solitario en la vida real, se puede transformar en alguien seguro, valiente y sociable

Las relaciones que suelen forjar a partir del juego son muy significativas para la persona. Muchas veces terminan viviendo una vida de ficción que les gusta más que la que tienen en la vida real, les resulta más satisfactoria la virtual que la real.

La mejor solución es la prevención

Para prevenir es muy importante conocer los posibles riesgos vinculados con las pantallas. Saber qué es lo más recomendable a cada edad.

Cuánto tiempo pueden estar, cuáles son los peligros potenciales que pueden aparecer, qué contenidos son peligrosos para cada edad y qué actividades.

Debes monitorear todo lo que hacen tus hijos. Según la edad que tengan será el tipo de supervisión que lleves a cabo. A los más chicos no debes dejarlos nunca solos. A los más grandes, educarlos y chequear cada tanto qué es lo que hacen. Siempre estar atento a los cambios de conducta y anímicos para poder detectar si le está sucediendo algo.

Somos los adultos quienes debemos fijar las reglas y controlar que se cumplan. Ayudarlo a asignar qué tiempo se va a usar para jugar con las pantallas. Somos los adultos los que tenemos que promover otras actividades: deportes, paseos al aire libre, lecturas, escuchar música u otras salidas con la familia y amigos.

¿Qué hacer si mi hijo tiene signos de una adicción?

- Hablar con él.

- Ser muy claro con tu mensaje.

- Buscar un momento tranquilo, no en medio de una pelea o discusión.

- No usar palabras acusatorias ni agresivas, sino demostrar interés.

- La pareja de padres debe estar de acuerdo con el mensaje y formar un frente común.

- Hablar con cariño.

- Mostrar que estás preocupado por los cambios que tuvo en su vida, en su comportamiento y las consecuencias que esto le generó.

- Tratar de armar juntos un cronograma de uso de las pantallas, preguntándole que actividades tiene y cuánto tiempo para cada una, para que puedan armar juntos el cronograma de uso.

- Fijar reglas razonables y posibles de aplicar y sostener de ambos lados.

- No asumir el rol del enemigo, sino por el contrario, del aliado.

- Sostener las reglas pautadas. Seguramente habrá momentos difíciles, pero lo importante es pensar que no se trata de un control sino de una ayuda para superar la dependencia.

- Ayudarlo a que realice otras actividades. Reemplazar el tiempo que antes dedicaba al juego con otras actividades.

En el consultorio con mucha frecuencia escucho frases como:

- "Yo voy a vivir de esto, hay muchos chicos a los que les fue bien y pueden vivir de esto, ¿por qué yo no?"
- "Es igual ver a mis amigos en el juego, que encontrarme con ellos".
- "No me interesa nada más que el juego".
- "Si no puedo jugar, para qué vivir".
- "Me dices a mí, pero estás todo el día con el celular y el mail".
- "No voy a dejar de jugar".
- "Si no juego, me aburro".
- "Yo puedo controlar el juego, si quiero parar lo hago, pero no quiero".
- "En los juegos conozco gente como yo, a los que les gusta como soy".

Todas estas frases dan cuenta de que para los chicos que tienen una adicción al juego online esta conducta no representa un problema. La tarea de los padres será entonces lograr que comprendan que tienen un problema, y que este es el punto de partida necesario para iniciar un camino de recuperación. Es importante que busques la ayuda de un profesional si no consigues instrumentar tus reglas.

Tratamiento de las adicciones a internet

Es necesario incluir a la familia en el tratamiento.

Con los adolescentes:
- se trabaja para que puedan desarrollar su identidad.
- Que aprendan a afrontar sus problemas de manera asertiva.
- Se hace hincapié en el trabajo de resolución de problemas y habilidades sociales para ayudarlos a fortalecer la autoestima.
- Se trabaja en habilidades verbales, que muchas veces no tienen o se fueron debilitando.
- Se les enseña cómo pedir ayuda.
- Se los guía para identificar emociones y comunicarlas.

En el caso de los adultos:
- Es frecuente que los pacientes vengan traídos por algún familiar o amigo, y luego de haber tenido un problema grave producto de su adicción.
- Después de padecer este problema, intentan resolver la adicción solos, les prometen a los otros que lo harán, pero recaen y vuelven a tener un problema, por ejemplo, separación, pérdida de trabajo, y entonces deciden a consultar.
- Si bien llegan movilizados por lo que les pasó, muchas veces les cuesta tomar la decisión de dejar la adicción.

- Parte del proceso son las recaídas. Esto se le anticipa al paciente y a la familia para que no se frustren cuando ocurra ya que es parte de la evolución.
- La primera parte del tratamiento consiste en trabajar con la negación. El objetivo es que el paciente comience a registrar que tiene un problema y cuáles son las consecuencias que le trae. En la terapia se trabaja con la ambivalencia entre cambiar o seguir como se estaba, intentando que el paciente pueda pasar a una etapa en la que esté decidido a hacer algo en el camino del cambio. Se evalúa cuál es el problema del paciente. En general, la adicción es la manera de escapar de otro problema. En estas sesiones se trabaja para ver cuál es, cuáles son los motivos emocionales que lo llevó a esta adicción. Habrá que ocuparse de lo que lo llevó a la adicción y de los nuevos problemas generados por esta. Analizar su conducta, ver cómo, cuándo y para qué usa los dispositivos, registrar los hábitos que tiene con las pantallas, qué dispositivos usa, qué días se conecta, a qué hora, cuánto tiempo permanece conectado, qué es lo que lo lleva a conectarse, cómo se siente antes de conectarse, cómo se siente cuando se desconecta.
- Luego se trabaja con el paciente para construir un nuevo uso de la pantalla, otra hora, otro orden. El objetivo es alterar la rutina de uso que tiene. Lograr un nuevo patrón para romper el hábito viejo. Hoy en día es difícil prescindir del uso de los dispositivos, por eso la idea es lograr tener una dieta saludable del uso de los mismos. Que lo use menos horas y que además utilice otros recursos y que no todo pase por allí. Por eso se trabajará en cambiar el hábito de uso y en los problemas subyacentes que llevaron a la adicción. Habrá que detectar las necesidades que llenan las pantallas. La sensación de poder que las pantallas despiertan genera la sensación de pérdida de control e inseguridad cuando no se está conectado.

- También habrá que ayudar a reorganizar la vida en general. Las pantallas ocupan mucho tiempo que el paciente luego no sabe cómo llenar. Es muy probable que se sienta tentado a volver a la adicción si no tiene otras actividades que ocupen su tiempo libre. Es necesario crear cambios de estilo de vida positivos como actividades espirituales, meditación, yoga, actividad física, descanso apropiado, etc.

Algunas consideraciones finales

La tecnología e internet son un recurso, una herramienta, que indudablemente ocupan un espacio necesario en nuestro día a día. Las pantallas integran nuestra vida y a través de ellas resolvemos múltiples cuestiones cotidianas, incluso aún desconocemos los posibles efectos que puede tener en nuestras vidas y en nuestro futuro.

Los dispositivos digitales no son buenos o malos *per se.* Como todo, depende del uso que le demos. Por eso es muy importante poder limitar y hacer un uso adecuado de los mismos como así también transmitirles a nuestros hijos cuál es el uso conveniente. El objetivo es poder lograr el equilibrio digital, es decir, un uso a favor de la tecnología y de nuestro bienestar.

Es muy importante que como adultos tengamos un registro de cuál es el lugar que ocupa la tecnología en nuestra vida y en la vida de nuestros hijos, el uso que hacemos de los dispositivos y los contenidos que consumimos y publicamos.

Nuestra conducta con la tecnología y sus dispositivos será el modelo sobre el cual se afianzará la conducta de nuestros hijos o menores a cargo. Niños y jóvenes aprenden mucho más de nuestras acciones que de nuestras palabras.

Mi sugerencia final es que si tienes alguna sospecha respecto de cuál es el uso que haces de los dispositivos, que te autoadministres algunos de los test del comienzo de este capítulo. Si tu puntaje es elevado, intenta limitar su uso y, si no lo logras, pide ayuda a un profesional.

En relación con los niños y jóvenes, recuerda que la manera adecuada de cuidarlos varía según la edad, por lo que deberás ir modificando el tipo de supervisión que realizas. Aun así, siempre debes tener control de lo que hacen cuando están conectados, cuánto tiempo permanecen allí, qué actividades realizan, con quiénes hablan, a qué juegan, qué publican.

Lo que varía según la edad es la manera en cómo accedes a esta información y el tipo de límites que pondrás.

Siempre que hables de los dispositivos tienes que hacerlo en un momento tranquilo y de manera amigable, creando un clima confortable.

Es importante que ellos se sientan seguros y tranquilos de que tú le das la información que necesitan y que pueden acudir a ti ante cualquier duda o problema.

Si descubres algo que no está bien o te trasmiten alguna dificultad, tómalo como una oportunidad de aprendizaje. Es importante que no reacciones con un fuerte enojo y generes una discusión, sino una situación de aprendizaje y crecimiento.

Tu misión es ayudarlos a autolimitarse en el tiempo online. Para ello en un principio necesitarán que delimites el tiempo y las actividades online.

Recuerda que los niños necesitan tiempo de juego offline y de interacción con adultos y pares cara a cara. Enséñales otros recursos para el manejo de sus frustraciones y para calmar sus emociones negativas. Los dispositivos no deben ser el chupete electrónico que los calma de todo lo que les sucede.

Transformemos nuestra preocupación en acción, asumamos nuestro rol responsable en cuanto modelos de nuestros hijos en lo que a tecnología y dispositivos se refiere. La tecnología es una herramienta necesaria y positiva siempre y cuando dispongamos de ella y no sea ella la que disponga de nosotros.

Espero que estas páginas te hayan aportado información valiosa para conocer los riesgos que pueden esconderse detrás de las pantallas, y te hayan permitido tomar conciencia de la importancia que los padres y adultos tenemos a la hora de cuidar la conducta digital de los niños y adolescentes. Los avances tecnólogicos, y las pantallas como la cara visible detrás de la cual estos se esconden, sin duda pueden ofrecernos muchas ventajas y beneficios. Por eso, para que puedan continuar haciéndolo, desarrollemos con ellas vínculos saludables y positivos.

Bibliografía consultada

Cascardo, Enzo y María Cecilia Veiga, *Tecnoadictos. Los peligros de la vida online*. Ediciones B, Argentina, 2017.

Chóliz, Mariano y Clara Marco, *Adicciones a Internet y redes sociales. Tratamiento psicológico*. Alianza Editorial, Madrid, 2012.

Echeburúa, Enrique, *Adicciones...¿sin drogas? Las nuevas adicciones*. Desclée De Brouwer, España, 2000.

Hart, Dr. Archibald D., y Dr. Sylvia Hart Frejd, *The digital invasion*. Baker Books, USA, 2013.

Jiménez Murcia, Susana y J. M. Farré, *Cibernautas. ¿Cautivos o libres?* Siglantana, España 2018.

Kutcher, Martín, *Niños conectados*. Ediciones Mensajero, España, 2018.

Masip, Marc, *Desconecta*. Libros Cúpula, España, 2018.

Turkle, Sherry, *Alone Together. Why we expect more from technology and less from each other*. Basic Books, a member of the Perseus Book group, USA, 2011.

Young, Kimberly S., y Cristiano Nabuco de Abreu, *Internet Addiction. A Handbook and Guide to Evaluation and treatment*. John Wiley and Sons Inc., USA, 2011.

Índice

Índice